Comida Saludable

Grupo Editorial Tomo, S.A. de C.V.,
Nicolás San Juan 1043,
03100 México, D.F.

© Copyright R&R Publications Marketing Pty. Ltd., Australia
© *Healthy cooking*
PO Box 254, Carlton North, Victoria 3054 Australia
Food photography: Steve Baxter, Phillip Wilkins, David Munns,
Thomas Odulate, Christine Hanscomb and Frank Wieder
Home economists: Sara Buenfeld, Emma Patmore, Nancy McDougall, Louise
Pickford, Jane Stevenson, Oded Schwartz, Alison Austin and Jane Lawire
Food stylists: Helen Payne, Sue Russell, Sam Scott, Antonia Gaunt and Oded Schwartz
Recipe development: Terry Farris, Jacqueline Bellefontaine, Becky Johnson, Valerie Barret,
Emma Patmore, Geri Richards, Pam Mallender and Jan Fullwood

© 2008, Grupo Editorial Tomo, S.A. de C.V.
Nicolás San Juan 1043, Col. Del Valle, 03100, México, D.F.
Tels. 5575-6615, 5575-8701 y 5575-0186 Fax. 5575-6695
http://www.grupotomo.com.mx
ISBN: 970-775-248-3
Miembro de la Cámara Nacional
de la Industria Editorial No 2961

Traducción: Ivonne Saíd Marínez
Diseño de portada: Trilce Romero
Formación tipográfica: Armando Hernández
Supervisor de producción: Silvia Morales Torres

32

Contenido

37

72

Introducción

Nutrición

Alimentos y salud

Nuestra salud se ve afectada en todos sentidos por lo que comemos, y existen ciertas enfermedades que requieren que sigamos una dieta especial. En este capítulo encontrarás una perspectiva general sobre la comida nutritiva. Si tienes alguna duda sobre tu salud, consulta a tu médico.

¿Qué contienen los alimentos?

Carbohidratos

Necesitamos consumir carbohidratos para tener energía, la cual es nuestro combustible diario.

Los carbohidratos deben conformar un poco más de la mitad de la ingesta diaria de calorías, y la mayoría los obtenemos de alimentos con almidón como cereales, pan, pasta y papas, los cuales se conocen como carbohidratos complejos. Estos alimentos nos brindan un flujo continuo de energía, así como de vitaminas y minerales.

El azúcar es un ejemplo de carbohidrato simple, del cual obtenemos una rápida inyección de energía, pero ningún nutriente. Las frutas contienen azúcares naturales, y también nos proporcionan importantes vitaminas y minerales.

Proteínas

Cada una de las células del cuerpo, desde las uñas de los dedos hasta los huesos y los músculos, necesitan proteínas para crecer, mantenerse y repararse. Las proteínas están conformadas por compuestos llamados aminoácidos. Las personas que llevan una dieta variada automáticamente abastecen a su cuerpo con los aminoácidos y las proteínas que necesita. Como la carne, el pescado y los productos lácteos son fuentes ricas en proteína, los vegetarianos deben consumir una buena variedad de verduras, granos, nueces y legumbres para obtener los requerimientos diarios.

Grasas

Si no incluyéramos grasas en nuestra dieta, el cuerpo no funcionaría adecuadamente. De hecho, para conservar la salud, la tercera parte de todas las calorías que ingerimos deben provenir de las

grasas. Por desgracia, la mayoría de las personas incluye en su dieta una proporción más elevada que ésta de grasas, y una dieta alta en grasas provoca obesidad e incrementa el riesgo de padecer enfermedades coronarias.

Las grasas saturadas, como las que se encuentran en las grasas animales, son las que aumentan el riesgo de que suframos enfermedades del corazón porque suben los niveles de colesterol en la sangre. Las carnes grasas y los productos lácteos son la fuente principal de grasas saturadas. No tienes que dejar de comer hamburguesas, salchichas, queso y crema, simplemente elige sus versiones bajas en grasa. Por ejemplo, compra carne magra y leche baja en grasa, o nada más unta una capa más delgada de mantequilla y toma una porción más pequeña de crema.

Las otras grasas en nuestra dieta

Las poliinsaturadas y las monoinsaturadas ayudan a reducir el nivel de colesterol en la sangre. Recuerda, tu dieta debe ser completa. Los aceites vegetales líquidos, como el de girasol, de semilla de uva y de oliva, son altos en grasas no saturadas. Los pescados ricos en aceite como la caballa, las sardinas y el salmón, contienen un tipo especial de grasa poliinsaturada (Omega 3) que también es importante para la buena salud del corazón. Come pescado rico en grasa dos veces a la semana.

Excepto aquellas personas que tienen niveles altos de colesterol por herencia, generalmente éste se reduce con una buena dieta, disminuyendo la ingesta de grasas saturadas y aumentando la de fibra soluble. Como está estrechamente ligada al colesterol, la fibra soluble ayuda a tu cuerpo a que se deshaga de él en forma de deshecho junto con la fibra no digerida. Las frutas, las verduras, el pan integral, la avena y las legumbres son buenas fuentes de fibra soluble.

Sal

La gente que come mucha sal es más propensa a padecer presión arterial alta.

A su vez, la presión alta es un factor de riesgo para las enfermedades coronarias y las embolias. La ingesta diaria de sal recomendada es de 5 g, aproximadamente 1 cucharadita; sin embargo, la persona promedio consume 10 g. La sal está compuesta de cloro y sodio. Si quieres saber cuánto sodio contienen los alimentos que vas a ingerir, consulta la información nutritiva que contienen los empaques.

Dieta balanceada

Una dieta balanceada es aquella que nos brinda la cantidad adecuada de energía y de nutrientes que necesita el cuerpo. Tu cuerpo compensa cuando comes más o menos de lo normal, pero a largo plazo la dieta se verá reflejada en la salud.

Llevar una dieta sana y balanceada no sólo te hace sentir bien, sino que también te ayuda a conservar el peso adecuado para tu estatura y reduce el riesgo de que contraigas enfermedades coronarias y otros padecimientos. En la actualidad, se cree que la alimentación está relacionada con la tercera parte de todos los cánceres. Pero es importante que sepas que a pesar de que una dieta sea muy sana, no hay garantía absoluta de que no sufras algún cáncer o un padecimiento del corazón.

La manera más sencilla de tener una dieta sana es la variedad. Es muy útil que te imagines un plato grande lleno con la comida que ingieres en un día. La tercera parte debe tener carbohidratos complejos (pan, papas, arroz y pasta); otro tercio debe incluir una buena variedad de frutas y verduras frescas, congeladas o enlatadas, cuando menos cinco porciones al día. Un poco menos de la sexta parte del plato debe tener carne, pescado, pollo, nueces o legumbres. Debe ingerirse la misma cantidad de productos lácteos como queso, leche y yogurt; de preferencia elige los que son bajos en grasa. Entonces nos queda muy poco espacio para los alimentos grasos y azúcares como pasteles, papas fritas, refrescos y aceites. Por supuesto, es posible que no ingieras toda esta comida en un día.

Se cree que algunos alimentos son mejores protectores que otros, sobre todo en el caso de ciertos cánceres. Los alimentos que contienen antioxidantes son los betacarotenos, forma vegetal de la vitamina

A, la vitamina C y la vitamina E (consulta la tabla de vitaminas y minerales de las páginas 8 y 9 para que sepas cuáles son otras fuentes). Leer la información de los nutrientes que viene en las etiquetas de los alimentos y las bebidas sirve mucho para llevar una dieta sana. Con el simple hecho de cuidar la cantidad de grasa que comes todos los días podrás conservar un buen balance, pero también cuida el consumo de sodio y de azúcar. Controla tu ingesta con esta guía de cantidades diarias, la cual se hizo con base en hombres y mujeres de peso promedio que realizan actividad física:

Diario	Hombres	Mujeres
Grasa	95 g	70 g
Calorías	2,500	2,000
Azúcares	70 g	50 g
Sodio	2.5 g	2 g

Agua, bebidas y alcohol

El agua es esencial para la vida. Los adultos necesitan tomar 2-3 litros diarios; sin embargo, algunas maneras de beberla son más sanas que otras.

Los refrescos contienen mucha azúcar y deben beberse con moderación. No es recomendable que bebas cantidades excesivas de té o café porque ambos contienen cafeína, un estimulante que produce insomnio y dolores de cabeza.

Igual que muchas bebidas, el alcohol no provoca problemas mientras no lo consumas en exceso. Un par de copas de vino en la comida ayudan a reducir el riesgo de padecer enfermedades del corazón, pero más de tres o cuatro producen el efecto contrario. Un hombre puede tomar tres o cuatro unidades al día, y una mujer dos o tres, dependiendo de su constitución. Una unidad corresponde a una copa de vino, un cuarto de litro de cerveza rubia u oscura de mediana graduación, o una medida de licor. Si bebiste en exceso, no ingieras nada de alcohol los siguientes dos días para que permitas que tu cuerpo se recupere.

Fertilidad y embarazo

Investigaciones demuestran que las posibilidades de tener un embarazo sano aumentan en gran medida si comes nutritivamente cuando menos tres meses antes de la concepción. Las mujeres deben consumir ácido fólico hasta las doce semanas de gestación, pues reduce los riesgos de que el bebé nazca con espina bífida. Hombres y mujeres deben limitar su consumo de alcohol, ya que el exceso provoca problemas de fertilidad y defectos de nacimiento.

No es necesario comer mucho más durante el embarazo, la ingesta de 2,400 calorías es la adecuada. Sin embargo, sí se requieren más nutrientes: zinc, para el crecimiento y el desarrollo sexual del bebe; y hierro, para tratar o prevenir la anemia. Se sugiere consumir una porción adicional de pan, cereal, pasta u otro carbohidrato complejo, junto con el equivalente a medio litro de leche para obtener los requerimientos adicionales de calcio y proteínas.

Los alimentos a evitar son: hígado, porque tiene mucha vitamina A y el exceso daña al bebé; quesos azules o suaves, como el Camembert o Brie; y otros alimentos no pasteurizados como los patés, pues existe el ligero riesgo de que estén infectados con una bacteria que se llama listeria. Los huevos, la carne, el pescado y todas las comidas ya preparadas deben cocerse perfectamente para evitar un envenenamiento por comida. El alcohol debe limitarse a una copa de vino de vez en cuando, pero no pruebes ni una gota durante las primeras doce semanas de gestación.

Niños

El rápido crecimiento es sinónimo de que los niños necesitan proporcionalmente más nutrientes que los adultos. Sin embargo, como su estómago es más pequeño que el de los adultos, requieren de cantidades de comida más pequeñas pero con mayor frecuencia. Los niños no deben ingerir alimentos bajos en grasa, como leche descremada, pues necesitan las calorías adicionales de las versiones enteras. Una vez que cumplan 5 años, pueden comer alimentos bajos en grasa y una dieta variada.

Si los niños desarrollan buenos hábitos alimenticios desde temprana edad, es más probable que les guste comer cosas sanas cuando crezcan. Acostumbra a tus hijos a los sabores naturales de la fruta y las verduras frescas, pero no los obligues a comer alimentos que no les gustan. Durante la infancia, los dientes son muy propensos a las caries, así que procura no darles mucha comida ni bebidas con azúcar.

El peso adecuado

Si tienes exceso de peso, seguramente no eres el(la) único(a), más de la tercera parte de la población tiene el mismo problema. No obstante, las personas con un serio problema de sobrepeso tienen mayor riesgo de padecer presión alta, enfermedades del corazón y cáncer, que la gente con peso normal. La mejor manera de perder peso para siempre, es seguir una dieta sana y balanceada que cumpla con las especificaciones de calorías. Las mujeres necesitan entre 1,900 y 2,500 calorías diarias, dependiendo de lo activas que sean; mientras que los hombres requieren entre 2,500 y 3,000 calorías. Si deseas perder una cantidad razonable de peso a la semana, 900 g, consume 400 calorías menos diario. Come mucha fruta, verduras, carbohidratos complejos y elimina las cosas que están llenas de calorías vacías como los dulces, los refrescos y el alcohol. Evita las grasas y en la medida de lo posible elige comidas asadas en lugar de fritas.

Las dietas drásticas raras veces funcionan y por lo general sus resultados son de corto plazo. Las dietas rápidas son peligrosas porque no dan a tu cuerpo todos los nutrientes que necesita para funcionar bien. La mejor manera de llegar o conservar el peso ideal es una dieta combinada con ejercicio. Haz ejercicio poco a poco y consulta al médico si hace mucho tiempo que no lo practicas. Si sucumbes a la tentación, no permitas que afecte tu meta a largo plazo.

Un vegetariano sano

Si comes una buena variedad de productos lácteos, granos, verduras, cereales y legumbres, tu dieta te proporcionará las proteínas que necesitas, reduce las grasas e incluye más fibra que las personas que comen carne. Ésta es la fuente más rica de muchos de los nutrientes importantes, y los vegetarianos deben prestar mucha atención y consumir suficiente hierro, vitamina B12, calcio y ácido fólico. Los frijoles, las lentejas, los vegetales de hoja verde oscura y los cereales integrales contienen hierro; los cereales fortificados y los productos lácteos son buenas fuentes de vitamina B12; los productos de soya, la leche, el queso, el yogurt y las verduras de hoja oscura tienen calcio; y la mayoría de las verduras verdes, los cacahuates, los cereales fortificados y el extracto de levadura son ricos en ácido fólico. La falta de hierro es un problema común entre las mujeres, sobre todo las vegetarianas, y en ese caso deben tomar suplementos.

Qué hacen las vitaminas y los minerales

Nuestro cuerpo produce por sí solo algunas vitaminas y minerales, y el resto los obtiene de la dieta. Todos tenemos necesidades individuales, las cuales cambian en las diferentes etapas de la vida. La tabla que se presenta a continuación indica cuáles son las mejores fuentes de las vitaminas y los minerales más importantes, y en ella se explica brevemente para qué los necesita nuestro cuerpo.

Minerales

Algunos minerales, como el calcio, están presentes en grandes cantidades en el cuerpo; mientras que otros, como el hierro y el zinc, se necesitan sólo en cantidades muy pequeñas. Los minerales ayudan a las vitaminas a hacer su trabajo, pero también realizan muchas funciones, como el fortalecimiento de huesos y dientes y la conservación de un sistema inmune sano.

Vitaminas

Cada vitamina tiene un papel específico en el buen funcionamiento del cuerpo. A la mayoría de nosotros, una dieta balanceada nos proporciona las vitaminas que requerimos y no necesitamos suplementos. No obstante, las futuras madres, los niños, los vegetarianos, los adultos mayores y personas con ciertas enfermedades deben tomar suplementos. Pero es peligroso tomar grandes cantidades de un suplemento cualquiera, por eso si tienes alguna duda, pregúntale al médico o al farmaceuta.

Hay vitaminas solubles en agua o en grasa. Las vitaminas B y C son solubles en agua y el cuerpo las reemplaza todos los días porque no puede almacenarlas; mientras que las vitaminas A, D y E son solubles en grasa y se guardan en el hígado durante una semana.

Minerales	Fuentes	Roles principales
Calcio	Leche, queso, yogurt y otros productos lácteos, sardinas enlatadas (con todo y espinas), pan blanco, verduras de hoja verde y semillas de ajonjolí.	Es necesario para el fortalecimiento de los huesos y los dientes. También es vital para los músculos, el sistema nervioso y la coagulación de la sangre.
Hierro	Vísceras (no debe consumirse hígado durante el embarazo), carne magra, huevos, cereales fortificados, pan, legumbres, fruta seca y verduras de hoja verde.	Es esencial para la producción de glóbulos rojos, que transportan oxígeno al cuerpo.
Potasio	Leche, frutas (sobre todo plátanos), verduras, carne, legumbres, nueces, semillas, cereales integrales y papas.	Es necesario para conservar en equilibrio los líquidos del cuerpo, así como el ritmo cardiaco y la presión arterial normales.
Sodio	Está presente de manera natural en la mayoría de los alimentos. Altos niveles en la sal de mesa, las carnes procesadas y muchos otros alimentos procesados.	Es necesario para conservar en equilibrio los líquidos del cuerpo. Es esencial para que los nervios y los músculos funcionen bien.
Zinc	Carne, ostiones, cacahuates, leche, queso, yogurt y cereales integrales.	Es esencial para el crecimiento normal, la cicatrización de heridas y la reproducción. También es necesario para un sistema inmune sano.

Vitaminas	Fuentes	Roles principales
A (retinol en alimentos animales, o betacaroteno en alimentos vegetales)	Hígado (debe evitarse durante el embarazo), pescado rico en aceite, leche entera, mantequilla, queso, verduras de hoja verde y verduras de colores brillantes, como el pimiento rojo.	Es necesaria para el crecimiento de los huesos, la reparación de la piel y la buena vista. También actúa como antioxidante y ayuda al sistema inmune.
B1 (tiamina)	Carne, cereales integrales, pan blanco fortificado, cereales para el desayuno, nueces, legumbres y papas.	Es necesaria para la producción de energía.
B2 (riboflavina)	Leche, queso, huevos, carne, pescado, cereales fortificados y extracto de levadura.	Es necesaria para liberar la energía de los alimentos y para que la vitamina B6 y la niacina funcionen bien.
Niacina (ácido nicotínico)	Carne magra, pollo, papas, pan, cereales fortificados, germen de trigo y cacahuates.	Ayuda a conservar una piel sana y el buen funcionamiento del sistema digestivo. También es necesaria para liberar energía.
B6 (piridoxina)	Carne magra y pollo, pescado, huevos, pan integral, cereales, plátanos y nueces.	Es necesaria para la producción de glóbulos rojos, para tener un sistema inmune sano y para liberar energía de las proteínas.
B12 (cianocobalamina)	Carne magra, pescado, mariscos, leche, huevos y algunos cereales fortificados.	Es necesaria para el crecimiento y la división de las células. También ayuda a prevenir algunas formas de anemia.
Ácido fólico	Pan, verduras de hoja verde cocidas, nueces, cítricos, plátanos, papas, legumbres y cereales fortificados.	Es necesaria para la producción de proteínas y para la transmisión de información genética. Es crucial tomar mucho ácido fólico antes de la concepción y durante las primeras etapas del embarazo.
C (ácido ascórbico)	Grosella negra, cítricos en fruta y jugo, jitomates, pimientos rojo, amarillo y verde, fresas, papas y casi todas las verduras verdes.	Es necesaria para la buena salud de los cartílagos, los huesos, la piel, las encías, los dientes y para un buen proceso de sanación. También ayuda al cuerpo a absorber el hierro, y es un antioxidante importante.
D (calciferol)	La mayoría se obtiene con la exposición al sol, pero también en margarinas, cereales, huevos y pescados ricos en aceite como atún, salmón y sardinas.	Ayuda al cuerpo a absorber el fósforo y el calcio necesarios para tener dientes y huesos sanos.
E (tocoferol)	Huevos, nueces, semillas, aceites vegetales, margarina de girasol, pan integral y productos de cereal fortificado.	Es buena para la piel y esencial para la reparación cutánea. También es antioxidante

Sopas, ensaladas y entradas

Húndete en estas páginas y descubrirás una maravillosa selección de recetas para una comida ligera o una botana perfectas. Ya sea una ensalada con pato y mango, o una sopa audazmente mezclada con berros, quedarás encantada con lo rico que puede ser la comida nutritiva. No sólo el resultado es más satisfactorio, el proceso para lograrlo también lo es. Simplificamos todas las recetas para que disfrutes plenamente la experiencia, y te aseguramos que prepararás estos platillos una y otra vez. ¡Feliz viaje!

Sopa de jitomate, lentejas y albahaca

Tiempo de preparación: 30 minutos **Tiempo de cocción:** 1 hora **Calorías:** 166 **Grasa:** 6 g

6 cucharadas de lentejas
1 kg de jitomate bola
1 cucharada de aceite de oliva
2 cebollas, picadas
2 cucharadas de puré de tomate deshidratado
3 tazas de caldo de verduras
1 hoja de laurel
pimienta negra
3 cucharadas de albahaca fresca, picada
albahaca adicional, para adornar

1 Lava las lentejas, escúrrelas y colócalas en una olla grande con agua hirviendo. Cuece a fuego lento, tapada, durante 25 minutos, o hasta que estén tiernas. Escurre, enjuaga y reserva.

2 Mientras, coloca los jitomates en un recipiente, cúbrelos con agua hirviendo y deja durante 30 segundos, después escurre. Pélalos, quítales las semillas y pícalos. En una olla grande, calienta el aceite, agrega la cebolla y cocina durante 10 minutos, o hasta que se suavice, revolviendo de vez en cuando. Incorpora los jitomates, el puré de tomate, el caldo, la hoja de laurel y la pimienta. Deja que suelte el hervor y cuece, tapado, revolviendo de vez en cuando, durante 25 minutos, o hasta que se cueza la verdura.

3 Retira la olla de la estufa y deja enfriar unos minutos. Saca y tira a la basura la hoja de laurel, y en el procesador de alimentos o en la licuadora haz puré la sopa hasta que quede homogénea. Vierte en una olla limpia, incorpora las lentejas y la albahaca picada, y vuelve a calentar. Sirve adornada con albahaca fresca.

Porciones: 4

Sopa de berros

Tiempo de preparación: 35 minutos **Tiempo de cocción:** 30 minutos **Calorías:** 143 **Grasa:** 1g

1 cucharada de aceite de girasol
4 cebollas de cambray,
finamente picadas
1 poro, finamente rebanado
250g de papas, en cubos
1 taza de berros, picados
2 tazas de caldo de verduras
2 tazas de leche baja en grasa
pimienta negra, molida
en trozos grandes

1 Calienta el aceite en una olla grande, añade las cebollas de cambray y el poro, cocina durante 5 minutos, o hasta que se suavicen, revolviendo de vez en cuando. Agrega las papas y los berros a la mezcla de cebolla de cambray y cocina otros 3 minutos, o hasta que los berros se cuezan, revolviendo de vez en cuando.

2 Incorpora el caldo, la leche y la pimienta. Deja que suelte el hervor, baja la flama y hierve a fuego lento, tapado, durante 20 minutos, o hasta que las papas se cuezan y estén tiernas, revolviendo de vez en cuando.

3 Retira la olla de la estufa y deja enfriar unos minutos. Haz puré la sopa en el procesador de alimentos o en la licuadora. Vierte en una olla limpia y vuelve a calentar, hasta que esté bien caliente. Sirve sazonada con pimienta negra.

Porciones: 4

Nota: Esta rápida sopa está llena de bondad, pero tiene la sofisticación suficiente para servirla en una cena. Si quieres, puedes usar espinacas en lugar de berros.

Sopa de zanahoria con comino

Tiempo de preparación: 15 minutos **Tiempo de cocción:** 40 minutos **Calorías:** 116 **Grasa:** 4 g

1 cucharada de aceite de oliva
1 cebolla grande, picada
1 diente de ajo, machacado
3 tallos de apio, picados
1 cucharada de comino, en polvo
680g de zanahorias, finamente rebanadas
4 tazas de caldo de verduras
pimienta negra
cilantro fresco, para adornar

1 Calienta el aceite en una olla grande, agrega la cebolla, el ajo y el apio, fríe durante 5 minutos o hasta que se suavicen, revolviendo de vez en cuando. Añade el comino y fríe, sin dejar de revolver, durante 1 minuto para que suelte su aroma.

2 Agrega las zanahorias, el caldo y la pimienta a la mezcla de la cebolla y revuelve. Deja que suelte el hervor y hierve a fuego lento, tapado, durante 30-35 minutos, hasta que las verduras estén tiernas, revolviendo de vez en cuando.

3 Retira la olla de la estufa y deja enfriar unos minutos. Haz puré la sopa en el procesador de alimentos o en la licuadora. Vierte en una olla limpia y vuelve a calentar. Sirve adornada con el cilantro fresco.

Porciones: 4

Nota: Esta sopa espesa realmente te calentará en una fría noche de invierno. Para darle mejor sabor, usa caldo fresco. Sirve con pan árabe.

Ensalada de melón y toronja

Tiempo de preparación: 20 minutos + 1 hora para refrigerar **Calorías:** 57 **Grasa:** 1g

1 melón mediano ó 2 chicos, de cualquier tipo

2 toronjas rojas

8 cucharadas de jugo de naranja fresco, sin endulzar

1 cucharada de licor de naranja, como Cointreau, o jerez, opcional

menta fresca, para adornar

1 Corta el melón en rebanadas y quítale las semillas, pica la carne en cubos o haz bolitas de melón. Coloca en un tazón.

2 Corta la parte superior e inferior de las toronjas y coloca en una tabla para picar. Con un cuchillo de sierra chico, quita la cáscara y la corteza blanca siguiendo la curva de la fruta. Sostén la toronja sobre un tazón y parte entre las membranas para liberar los gajos. Agrega los segmentos con todo y jugo al melón.

3 Vierte el jugo de naranja y el licor, en su caso, sobre la fruta y revuelve bien. Tapa y refrigera cuando menos durante 1 hora antes de servir. Adorna con la menta fresca.

Porciones: 4

Nota: Si quieres una entrada fresca y ligera, aquí la tienes. Un toque de licor realza la dulzura de la fruta. Si se te antoja, añade unas rebanadas de jamón serrano.

Ensalada Waldorf con pollo

Tiempo de preparación: 15 minutos + 1 hora para refrigerar **Calorías:** 280 **Grasa:** 19 g

200g de pechuga de pollo cocida, deshuesada, sin piel y en cubos

4 tallos de apio, finamente rebanados

1 taza de nueces de Castilla, en trozos grandes

1 manzana verde y 1 roja

½ limón, el jugo

250g de hojas verdes mixtas

cebollín fresco, finamente picado, para adornar

Aderezo

4 cucharadas de mayonesa, baja en grasa

4 cucharadas de yogurt natural, bajo en grasa

½ cucharadita de ralladura de limón

pimienta negra, recién molida

1 Coloca el pollo en un tazón, agrega el apio y las nueces, revuelve. Quítales el corazón a las manzanas y después pártelas en cubos, rebózalas en el jugo limón para que no se pongan negras. Agrega al pollo y mezcla bien.

2 Para preparar el aderezo, en un tazón chico revuelve la mayonesa, el yogurt, la ralladura de limón y la pimienta. Sirve el aderezo sobre la mezcla de pollo y revuelve ligeramente. Tapa y refrigera cuando menos 1 hora antes de servir.

3 Para servir, acomoda las hojas verdes en los platos y sirve la mezcla de pollo. Adorna con cebollín fresco.

Porciones: 4

Nota: Con su fresco aderezo de limón, esta sencilla ensalada Waldorf es una excelente entrada. Para convertirla en un delicioso plato principal ligero, simplemente sírvela con un poco de pan crujiente y caliente.

Ensalada caliente de pato y mango

Tiempo de preparación: 15 minutos **Tiempo de cocción:** 5 minutos **Calorías:** 233 **Grasa:** 13 g

1 mango maduro

250g de hojas verdes oscuras, como espinaca baby, hoja de roble y arúgula

1 taza de arvejas chinas, picadas

4 cebollas de cambray, rebanadas en diagonal

2 cucharaditas de aceite de ajonjolí

250g de pechuga de pato, sin hueso, sin piel y en tiras

cilantro fresco, para adornar

Aderezo

3 cucharadas de aceite de oliva extra virgen

½ limón, el jugo

1 cucharadita de miel

2 cucharadas de cilantro fresco, picado

pimienta negra, recién molida

Ensalada

1 Rebana los dos costados del mango, cerca del hueso. Con un cuchillo filoso, corta la carne, pero no la cáscara, en forma de cruz, empuja la cáscara hacia arriba para dejar expuesta la carne y desprende los cubos. Colócalos en una ensaladera con las hojas verdes, las arvejas y la cebolla de cambray, revuelve muy bien.

Aderezo

1 En un tazón chico, mezcla el aceite de oliva, el jugo de limón, la miel, el cilantro y la pimienta hasta que estén bien incorporados.

2 Calienta el aceite de ajonjolí en un wok o en una sartén grande, agrega el pato y fríe a fuego alto durante 4-5 minutos, o hasta que esté tierno. Añade el pato caliente a la ensalada de mango, báñala con el aderezo y revuelve muy bien. Adorna con el cilantro fresco.

Porciones: 4

Ensalada de atún con pasta con aderezo de jitomate

Tiempo de preparación: 15 minutos **Tiempo de cocción:** 5 minutos **Calorías:** 330 **Grasa:** 15 g

2 tazas de pasta integral, de tornillo
4 cebollas de cambray, picadas
cebollas de cambray adicionales
en tiras, para adornar
1 pimiento amarillo, sin semillas
y en cubos
1 taza de arvejas, picadas
1 taza de elotes enlatados, escurridos
1 lata de atún en agua, escurrido y
desmenuzado

Aderezo

5 cucharadas de puré de tomate
1 cucharada de aceite de oliva
extra virgen
2 cucharaditas de vinagre balsámico
1 pizca de azúcar refinada
2 cucharadas de albahaca fresca,
picada
pimienta negra, recién molida

1 Cuece la pasta según las indicaciones del empaque, hasta que esté al dente. Escurre, enjuaga bajo el chorro de agua para enfriar, y después escurre bien. Coloca en un platón.

2 Para preparar el aderezo, en un tazón mezcla el puré de tomate, el aceite de oliva, el vinagre, el azúcar, la albahaca y la pimienta negra, hasta que estén bien incorporados. Vierte sobre la pasta y revuelve muy bien.

3 Añade a la pasta la cebolla de cambray picada, el pimiento, las arvejas, el elote y el atún, y revuelve ligeramente. Adorna con las tiras de cebolla.

Porciones: 4

Nota: Pasta, coloridas y crujientes verduras, y atún desmenuzado se unen con un ácido aderezo de jitomate. Usa pasta en forma de tornillo porque conserva bien el aderezo.

Champiñones marinados en cama de hojas

Tiempo de preparación: 15 minutos + 2 horas para marinar **Calorías:** 181 **Grasa:** 6 g

4 tazas de champiñones mixtos: shiitake, blancos, portobello, oyster, finamente rebanados

250g de hojas de espinaca baby

30g de berros, sin los tallos gruesos

tomillo fresco, para adornar

Aderezo

3 cucharadas de aceite de oliva extra virgen

2 cucharadas de jugo de manzana, sin azúcar

2 cucharaditas de vinagre de vino blanco y estragón

2 cucharaditas de mostaza Dijon

1 diente de ajo, machacado

1 cucharada de mezcla de hierbas frescas, picadas, como orégano, tomillo, cebollín, albahaca y perejil

pimienta negra, recién molida

Aderezo

1 En un tazón, coloca el aceite, el jugo de manzana, el vinagre, la mostaza, el ajo, las hierbas y la pimienta; bate con un tenedor para incorporar muy bien.

Champiñones

1 Vierte el aderezo sobre los champiñones y revuelve bien. Tapa y refrigera durante 2 horas.

2 En los platos, acomoda la espinaca y los berros. Con una cuchara sirve los champiñones y un poco de aderezo, revuelve ligeramente. Adorna con el tomillo fresco.

Porciones: 4

Nota: Permite que los hongos absorban los sabores del ácido aderezo de mostaza y después acomódalos sobre las espinacas y los berros. Una chapata caliente es un buen acompañamiento para esta ensalada.

Sopa de lentejas al curry

Tiempo de preparación: 15 minutos **Tiempo de cocción:** 65 minutos **Calorías:** 49 **Grasa:** 3 g

2 cucharadas de aceite vegetal
1 cebolla, picada
2 cucharaditas de curry en polvo
½ cucharadita de comino en polvo
1 cucharada de puré de tomate
1½ litros de caldo de verduras
125g de lentejas rojas o verdes
1 cabeza de brócoli, chica,
en ramilletes
2 zanahorias, picadas
1 chirivía, picada
1 tallo de apio, picado
pimienta negra, recién molida
1 cucharada de perejil fresco, picado

1 Calienta el aceite en una olla grande, añade la cebolla, el curry en polvo y el comino; cocina, revolviendo de vez en cuando, durante 4-5 minutos, o hasta que la cebolla esté suave. Incorpora el puré de tomate y el caldo, deja que suelte el hervor. Baja la flama, agrega las lentejas, tapa y hierve a fuego lento durante 30 minutos.

2 Añade el brócoli, las zanahorias, la chirivía y el apio; cocina, tapado, durante otros 30 minutos, o hasta que las verduras estén tiernas. Sazona al gusto con pimienta negra. Justo antes de servir, agrega el perejil.

Porciones: 6

Nota: Esta sopa espesa y sustanciosa puede prepararse con anticipación y es un excelente plato principal.

Hummus y crudités de verdura

Tiempo de preparación: 15 minutos **Calorías:** 233 **Grasa:** 15 g

2 tazas de garbanzos, enlatados, escurridos y enjuagados
1 limón, el jugo
3 cucharadas de aceite de oliva extra virgen
2 cucharadas de salsa tahini ligera (pasta de ajonjolí)
1 diente de ajo, machacado
½ cucharadita de cilantro, en polvo
½ cucharadita de comino, en polvo
pimienta negra, recién molida
500g de verduras mixtas, como pimientos, zanahorias, zucchinis, coliflor, brócoli, champiñones, rábanos, espárragos y cebollas de cambray

1 En el procesador de alimentos, muele los garbanzos, el jugo de limón, el aceite de oliva, la tahini, el ajo, el cilantro, el comino y la pimienta negra, hasta que formen una pasta de hummus gruesa.

2 Corta en tiras el pimiento, las zanahorias y las zucchinis, y la coliflor y el brócoli en ramilletes. Limpia los champiñones, quita el tallo a los rábanos, los espárragos y las cebollas de cambray. Acomoda las verduras en un platón. Con una cuchara, sirve el hummus en un tazón y acompaña con los crudités.

Porciones: 4

Nota: Cambia las cantidades de cilantro y comino para que este dip árabe quede tan condimentado como te guste. También puedes cambiar al gusto las cantidades de ajo y de limón.

Bruschetta de verduras a la parrilla

Tiempo de preparación: 15 minutos **Tiempo de cocción:** 5 minutos **Calorías:** 275 **Grasa:** 11 g

1 pimiento rojo o amarillo, sin semillas y en tiras

1 zucchini, a la mitad y en finas rebanas largas

1 cebolla morada, finamente rebanada

2 jitomates bola grandes, en rebanadas gruesas

3 cucharadas de aceite de oliva extra virgen

2 cucharaditas de mostaza de grano entero

pimienta negra, recién molida

1 chapata, en 8 rebanadas, u 8 rebanadas de baguette

1 diente de ajo, a la mitad

8 aceitunas negras, sin hueso y finamente rebanadas

albahaca fresca, para adornar

1 Precalienta la parrilla a fuego alto y forra la rejilla con papel aluminio. En un tazón, coloca el pimiento, la zucchini, la cebolla y los jitomates. Mezcla dos terceras partes del aceite, la mostaza y la pimienta negra, después vierte sobre las verduras y revuelve para cubrir.

2 Coloca las verduras en la rejilla en una sola capa y asa durante 3-4 minutos de cada lado, hasta que se doren ligeramente. Reserva y conserva calientes.

3 Tuesta las rebanadas de pan por ambos lados en la parrilla, y aún calientes frótalas de un lado con las mitades de ajo. Divide las verduras entre las rebanadas de pan tostadas sobre la parte que tiene el ajo. Esparce las aceitunas y baña con el resto del aceite. Adorna con la albahaca fresca y sirve.

Porciones: 4-6

Nota: Este entremés mediterráneo es fabuloso para fiestas informales. El ajo frotado en el pan tostado le da un sabor dulce que resalta el sabor de las verduras asadas.

Pastel belga de endibias (no se muestra la fotografía)

Tiempo de preparación: 15 minutos **Tiempo de cocción:** 35 minutos **Calorías:** 80 **Grasa:** 5 g

4 cabezas grandes de endibias

¼ de taza de margarina

¼ de taza de harina

nuez moscada, en polvo

3 huevos

1 Corta las endibias y escáldalas en agua hirviendo con sal durante 5 minutos. Mete rápido la olla en agua fría.

2 Escurre muy bien y parte las endibias en trozos pequeños. Precalienta el horno a 180° C.

3 En una olla, funde la margarina, incorpora el harina y cocina durante un minuto. Poco a poco, agrega la leche y deja que suelte el hervor, sin dejar de revolver, y deja que hierva a fuego lento hasta que espese.

4 Sazona con sal, pimienta y nuez moscada.

5 Retira la olla de la estufa y añade los trozos de endibias. Deja enfriar un poco y después incorpora los huevos batiendo.

6 Sirve en un molde de rosca engrasado y hornea durante 30 minutos.

7 Desmolda en un platón tibio y sirve caliente.

Porciones: 4

Nota: Sabe mejor si se sirve como entremés caliente, pero puede servirse como entrada o como acompañamiento de un plato principal.

Carne

Mucha gente, consciente de la importancia de tener una buena salud, evita la carne en su intento de lograr una vida sana, sin embargo si se prepara adecuadamente es un complemento delicioso y nutritivo para cualquier dieta.

La carne tiene múltiples usos, desde brochetas y guisados hasta curries y hamburguesas, así que puedes deshacerte para siempre de la aburrida comida de carne y verduras. En nuestras sugerencias encontrarás cómo lograr resultados extraordinarios con ingredientes comunes y corrientes. Descubre que con vino tinto puedes preparar un pastel de carne para chuparse los dedos, y que los chabacanos le dan un dulce toque al guisado de cordero, para convertirlo en el favorito de la familia. Una vez más "lúcete" con las recetas, seguramente te volverás la mejor amiga de tu carnicero.

Brochetas de cordero y pimiento con salsa de chile

Tiempo de preparación: 20 minutos + 2 horas para marinar
Tiempo de cocción: 40 minutos **Calorías:** 249 **Grasa:** 11 g

½ taza de vino tinto
1 cucharada de aceite de oliva
½ limón, el jugo
1 cucharada de romero fresco, picado
pimienta negra, recién molida
350g de pata de cordero, sin hueso, en doce cubos
1 pimiento rojo y 1 amarillo, sin semillas y cortados en 8 piezas cada uno
16 champiñones pequeños
4 brochetas de metal

Salsa

2 tazas de jitomates enlatados, picados
½ taza de caldo de verduras
1 cebolla chica, finamente picada
1 chile verde, sin semillas y finamente picado
1 cucharada de puré de tomate
1 diente de ajo, machacado
pimienta negra, recién molida

Brochetas

1 En un tazón de vidrio o de cerámica, revuelve 4 cucharadas de vino tinto, el aceite, el jugo de limón, el romero y la pimienta negra. Agrega el cordero, cubre muy bien con la mezcla, tapa y refrigera durante 2 horas.

2 Precalienta la parrilla a temperatura alta. Ensarta en porciones iguales el cordero, los pimientos y los champiñones en las cuatro brochetas de metal. Reserva la marinada.

3 Mientras, asa las brochetas durante 12-18 minutos, hasta que la carne esté tierna, volteando de vez en cuando y barnizando con la marinada. Sirve con la salsa de chile.

Salsa

1 En una olla, coloca los jitomates, el caldo, la cebolla, el chile, el puré de tomate, el ajo, la pimienta negra y el resto del vino. Deja que suelte el hervor; baja la flama y hierve a fuego lento, sin tapar, durante 15-20 minutos, hasta que espese la salda, moviendo de vez en cuando.

Porciones: 4

Nota: El romero de la marinada combina muy bien con los trozos grandes y suculentos de cordero, mientras que la salsa de chile le da sabor. Si prefieres, usa jugo de manzana en lugar de vino.

Guisado de cordero y chabacanos

Tiempo de preparación: 15 minutos **Tiempo de cocción:** 2 horas **Calorías:** 374 **Grasa:** 14 g

1 cucharada de aceite de girasol

500g de pierna, sin hueso, o filete de cordero, en cubos de 2 cm

1 cebolla grande, picada

1 diente de ajo, finamente picado

2 cucharadas de harina

1 cucharadita de cilantro, en polvo

1 cucharadita de comino, en polvo

1½ tazas de caldo de verduras

²/₃ de taza de vino tinto

1 taza de champiñones chicos

1 cucharada de puré de tomate

1 ramito de hierbas de olor

pimienta negra, recién molida

1 taza de chabacanos secos

2 cucharadas de cilantro fresco, picado

hojas de cilantro para adornar

1 Precalienta el horno. En la estufa, calienta el aceite en una olla refractaria y resistente al fuego. Agrega el cordero y cocina durante 5 minutos, o hasta que se dore. Retira de la olla y conserva caliente.

2 Añade la cebolla y el ajo a los jugos de la cazuela y cocina durante 5 minutos, o hasta que se suavicen. Regresa la carne a la olla junto con el harina, el cilantro y el comino, cocina durante 1 minuto, sin dejar de revolver. Poco a poco, agrega el caldo y el vino, deja que suelte el hervor, revolviendo. Añade los champiñones, el puré de tomate, las hierbas de olor y la pimienta. Tapa y hornea durante 1 hora.

3 Agrega los chabacanos y cocina durante otros 30 minutos, o hasta que la carne esté tierna. Saca del horno, quita las hierbas de olor y tíralas, agrega el cilantro picado y adorna con hojas frescas de cilantro.

Porciones: 4

Nota: Los chabacanos secos le dan un sabor dulce a este delicioso guisado, aunque también puedes usar peras o duraznos. Sirve con brócoli al vapor y pan, arroz o papitas.

Temperatura del horno 160° C, 325° F, Gas 3

Estofado de cerdo con manzanas

Tiempo de preparación: 15 minutos **Tiempo de cocción:** 2 horas **Calorías:** 242 **Grasa:** 11 g

1 cucharada de aceite de girasol

4 chuletas, medallones o filetes de cerdo magros y sin hueso

4 cebollas de cambray, finamente rebanadas

1 taza de champiñones, rebanados

1 cucharada de harina

1 taza de caldo de verduras

½ taza de sidra seca

2 cucharaditas de mostaza Dijon o de grano entero

pimienta negra, recién molida

2 manzanas grandes, peladas, sin corazón y en rebanadas

perejil de hoja plana fresco, para adornar

1 Precalienta el horno. Calienta el aceite en una sartén de teflón. Agrega el cerdo y cocina durante 5 minutos, o hasta que se dore, voltéalo una vez, y después pásalo a una olla.

2 Añade las cebollas de cambray y los champiñones a la sartén y cocina durante 5 minutos, o hasta que se suavicen. Agrega el harina y cocina 1 minuto, revolviendo. Poco a poco incorpora el caldo y la sidra, y revolviendo hasta que esté homogéneo, después agrega la mostaza y la pimienta. Deja que suelte el hervor y continúa revolviendo durante 2-3 minutos, hasta que espese.

3 Coloca las rebanadas de manzana encima de los filetes de cerdo y vierte la salsa. Tapa y hornea durante 1-1½ horas, hasta que el cerdo esté tierno y muy bien cocido. Adorna con el perejil.

Porciones: 4

Nota: La ligera acidez de las manzanas combina perfecto con el cerdo. En este suculento guisado, la sidra resalta aún más el sabor de las manzanas.

Temperatura del horno 160° C, 325° F, Gas 3

Medallones de res a la pimienta con salsa de cebolla morada

Tiempo de preparación: 15 minutos + 1 hora para reposar
Tiempo de cocción: 5 minutos **Calorías:** 247 **Grasa:** 12 g

2 cucharadas de granos de pimienta mixtos
4 filetes de sirloin o de cadera, sin grasa
perejil fresco, para adornar

Salsa
3 jitomates
2 cucharadas de jugo de tomate
2 cucharadas de aceite de oliva
1 cebolla morada, finamente picada
2 cucharaditas de salsa de rábano picante
1 cucharada de perejil fresco, picado
pimienta negra, recién molida

Salsa

1 En un tazón, coloca los jitomates, cúbrelos con agua hirviendo y déjalos durante 30 segundos. Escúrrelos, pélalos, quítales las semillas y pícalos finamente. Pon la carne en un recipiente con el jugo de tomate, la mitad del aceite, la cebolla morada, la salsa de rábano, el perejil y la pimienta negra; revuelve muy bien. Tapa y reserva durante 1 hora.

Filetes

1 Precalienta la parrilla a temperatura media. Muele los granos de pimienta en el molcajete o con el rodillo. Barniza los filetes con el resto del aceite y rebózalos en la pimienta machacada.

2 Coloca los filetes en la parrilla y asa durante 4-5 minutos de cada lado, hasta que se doren y se cuezan a tu gusto. Sirve con la salsa de cebolla morada y adorna con el perejil fresco.

Porciones: 4

Hamburguesas de res con especias y zanahorias

Tiempo de preparación: 15 minutos **Tiempo de cocción:** 15 minutos **Calorías:** 231 **Grasa:** 8 g

500g de carne molida de res extra magra

2 zanahorias, ralladas

1 taza de champiñones, finamente picados

1 cebolla grande o 3 de cambray, finamente picadas

1 taza de pan molido integral y fresco

2 cucharadas de puré de tomate

1 huevo mediano, ligeramente batido

1 diente de ajo, machacado

2 cucharaditas de comino, en polvo

2 cucharaditas de cilantro, en polvo

1 cucharadita de chile, en polvo

pimienta negra, recién molida

1 Precalienta la parrilla a temperatura media. Coloca todos los ingredientes en un tazón grande y revuélvelos muy bien.

2 Con la mezcla y usando las manos, forma cuatro hamburguesas. Asa durante 10-15 minutos, hasta que las hamburguesas se doren ligeramente y se cuezan a tu gusto, voltéalas una vez.

Porciones: 4

Nota: Estas nutritivas hamburguesas se volverán famosas entre la familia. Sírvelas en bollos de pan integral con hojas crujientes de ensalada, rebanadas de jitomate y condimento.

Chuletas de cordero al curry dulce

Tiempo de preparación: 25 minutos **Tiempo de cocción:** 70 minutos **Calorías:** 292 **Grasa:** 4 g

6 chuletas de cordero de cuartos delanteros

1 cucharada de aceite de oliva

1 cebolla grande, finamente picada

1 diente de ajo, machacado

1½ cucharadas de curry en polvo estilo Madras

½ cucharadita de jengibre, en polvo

2 tazas de agua

sal y pimienta

¾ de taza de frutas secas mixtas

1 cucharadita de azúcar morena

½ ramita de canela

½ taza de yogurt natural, opcional

1 Elimina el exceso de grasa de las chuletas y límpialas con toallas de papel absorbente. Calienta el aceite en una olla grande o en una sartén con tapadera. Agrega la cebolla y el ajo, fríe hasta que se doren a fuego moderado. Retira la cebolla con una espumadera y reserva. Aumenta la flama y dora rápido las chuletas por ambos lados. Dora dos o tres al mismo tiempo. Retira y colócalas en un plato; escurre casi toda la grasa de la sartén.

2 Agrega a la olla caliente el curry en polvo y el jengibre, y revuelve; asa hasta que suelten el aroma. Incorpora el agua, y revuelve para levantar los jugos de la cocción. Sazona con sal y pimienta.

3 Regresa la carne y la cebolla a la olla, tapa y hierve a fuego lento durante 1 hora. Añade la fruta seca, el azúcar y la rama de canela; hierve a fuego lento aproximadamente 1 hora, hasta que la carne esté muy suave y tierna. De ser necesario, agrega más agua durante la cocción. Coloca las chuletas en un platón caliente. Incorpora el yogurt a la salsa, en su caso, y baña las chuletas con la salsa. Sirve con arroz hervido.

Porciones: 4-6

31

Albóndigas con salsa de jitomate

Tiempo de preparación: 25 minutos **Tiempo de cocción:** 5 minutos
Calorías: 106 por pieza **Grasa:** 2 g por pieza

250g de cebollas bermuda, finamente picadas
1kg de carne molida de res
½ taza de pan molido
2 huevos
1 cucharada de menta, picada
¼ de taza de agua
sal y pimienta negra, recién molida
2 tazas de aceite vegetal, para freír
harina, para rebozar

Salsa de jitomate

1kg de jitomates saladet, picados
2 cebollas bermuda, picadas
1 taza de azúcar
½ taza de vinagre oscuro
2 cucharadas de puré de tomate
1 cucharadita de sal
½ cucharada de mostaza seca
¼ de cucharadita de pimienta de cayena, opcional

Albóndigas

1 En un tazón, mezcla las cebollas picadas, la carne molida, el pan molido, los huevos, la menta, el agua, la sal y la pimienta. Aprieta la mezcla con los dedos para que se revuelva muy bien.

2 Con dos cucharadas de la mezcla para cada albóndiga, dales forma y rebózalas en un poco de harina, retira el exceso. Aplana ligeramente cada bolita en la palma de tu mano.

3 Calienta el aceite en una sartén y cocina cada albóndiga durante 3 minutos aproximadamente de cada lado, hasta que estén bien doradas y cocidas.

4 Escurre en toallas de papel absorbente.

Salsa de jitomate

1 Coloca todos los ingredientes en una olla mediana y deja que suelten el hervor, después hierve a fuego lento durante una hora, hasta que la mezcla esté espesa y pastosa. Prueba el sazón, y añade sal y pimienta negra si deseas.

2 Retira de la estufa y almacena en una jarra esterilizada en el refrigerador hasta por una semana. El resto de la salsa sírvelo caliente o frío con las albóndigas.

Porciones: 40

Griolla carbonada

Tiempo de preparación: 15 minutos **Tiempo de cocción:** 55 minutos **Calorías:** 410 **Grasa:** 2 g

2 cucharadas de aceite

1 diente de ajo, machacado

1 cebolla grande, picada

1 kg de paletilla de ternera, sin hueso y en cubos de 2 cm

1 taza de jitomates enlatados, pelados

1½ tazas de caldo de res

1 cucharadita de tomillo, picado

2 cucharadas de perejil, picado

sal y pimienta

1 papa mediana, en cubos

1 camote, en cubos

250 g de calabaza dulce, en cubos

2 mazorcas de elote, en rebanadas delgadas

½ taza de arroz de grano corto

4 duraznos grandes secos, en mitades

4 peras grandes secas, en mitades

1 Calienta el aceite en una olla grande y saltea el ajo y la cebolla. Agrega la carne y fríe rápido a fuego alto para dorarla ligeramente.

2 Añade los jitomates, el caldo, el tomillo y el perejil; sazona con sal y pimienta. Deja que suelte el hervor, baja la flama y hierve a fuego lento durante 25 minutos.

3 Agrega los cubos de verdura, el elote, el arroz y las frutas secas. Tapa y hierve a fuego lento durante 25 minutos. Revuelve de vez en cuando durante la cocción y agrega más caldo si es necesario. Vuelve a sazonar antes de servir.

Porciones: 6

Filetes de jamón con salsa de frutas

Tiempo de preparación: 50 minutos **Tiempo de cocción:** 10 minutos **Calorías:** 273 **Grasa:** 3 g

Salsa de frutas

½ **taza de fruta seca mixta**
1½ **tazas de agua**
½ **cucharadita de sal**
2 **cucharadas de azúcar morena**
1 **cucharadita de salsa inglesa**
3-4 **gotas de salsa Tabasco**
1 **cucharadita de maicena disuelta en un poco de agua**

Filetes de jamón

mantequilla para freír
6 **filetes de jamón**

Filetes de jamón

1 Calienta la mantequilla en una sartén y fríe los filetes de jamón por ambos lados, hasta que estén dorados y rosados. Sirve con la salsa de fruta y acompañados de verduras.

Salsa de frutas

1 Para preparar la salsa de frutas, coloca la fruta seca en una olla, añade agua y deja remojar durante media hora. Agrega el resto de los ingredientes, excepto la maicena, y deja que suelte el hervor. Baja la flama y hierve a fuego lento, tapado, durante 20 minutos. Añade la maicena disuelta en agua y revuelve hasta que espese la salsa.

Porciones: 3-4

Cerdo con couscous de mango

Tiempo de preparación: 30 minutos **Tiempo de cocción:** 1¾ horas **Calorías:** 180 **Grasa:** 8 g

2kg de lomo de cerdo, sin corteza
y sin grasa

Relleno de couscous de mango
90g de couscous
½ taza de agua hirviendo
½ mango, picado
2 cebollas de cambray, picadas
3 cucharadas de cilantro fresco,
picado
2 cucharaditas de ralladura de limón
½ cucharadita de garam masala
(mezcla de especias: pimienta negra,
comino, cardamomo, canela,
clavo de olor)
1 clara de huevo, ligeramente batida
1 cucharada de jugo de limón

Salsa cremosa de vino
½ taza de caldo de pollo
½ taza de vino blanco
2 cucharadas de yogurt natural bajo
en grasa

1 Para preparar el relleno, coloca el couscous en un tazón, vierte agua hirviendo y revuelve con un tenedor hasta que se absorba todo el líquido. Agrega el mango, las cebollas de cambray, el cilantro, la ralladura de limón, el garam masala, la clara de huevo y el jugo de limón, revuelve muy bien.

2 Extiende el cerdo y unta el relleno sobre la superficie. Enrolla y amarra con un cordón. Coloca el rollo de cerdo en una rejilla y mete en una fuente de horno, sirve 2.5 cm de agua y hornea durante 1½ horas, o hasta que la carne se cueza a tu gusto. Coloca el cerdo en un platón, reserva y conserva caliente.

3 Para preparar la salsa, retira el exceso de grasa de los jugos de la fuente, incorpora el vino y el caldo y deja que suelte el hervor a fuego medio. Baja la flama y hierve a fuego lento durante 10 minutos, o hasta que la salsa se reduzca a la mitad. Retira el molde de la estufa e incorpora el yogurt. Parte el rollo en rebanadas y sirve con la salsa.

Porciones: 8

Nota: Al final de la cocción, saca la carne del horno, cúbrela y déjala reposar en un lugar tibio durante 10-15 minutos antes de partirla. El reposo permite que los jugos se asienten y es más fácil partir la carne.

Pays individuales de res y vino tinto

Tiempo de preparación: 30 minutos **Tiempo de cocción:** 75 minutos **Calorías:** 325 **Grasa:** 9 g

2 cucharaditas de aceite de cacahuate

1 cebolla grande, picada

2 dientes de ajo, machacados

1kg de carne de res, sin grasa y en cubos

2 cucharadas de harina

2 cucharadas de puré de tomate, sin sal

1½ tazas de vino tinto

1½ tazas de caldo de res, sin sal

2 zanahorias, finamente rebanadas

2 tazas de champiñones suizos, en cuartos

2 cucharadas de tomillo fresco, picado

2 cucharadas de perejil, picado

2 hojas de pasta de hojaldre, descongeladas

6 ramitos de tomillo

1 cucharada de leche sin o baja en grasa

1 Precalienta el horno. Necesitas seis refractarios individuales para pay de dos tazas de capacidad.

2 Calienta el aceite en una olla grande, agrega la cebolla y cocina a fuego medio durante 5 minutos, o hasta que se dore. Añade el ajo y la carne, cocina durante 5 minutos, o hasta que la carne se dore.

3 Agrega el harina y el puré de tomate, cocina durante 2 minutos más, sin dejar de revolver. Incorpora el vino tinto y el caldo, deja que suelte el hervor. Añade las zanahorias, los champiñones y el tomillo picado. Baja la flama, tapa y hierve a fuego lento durante 1 hora, después quita la tapadera y cocina durante 45 minutos más, hasta que la carne esté tierna y la salsa se haya reducido y espesado. Agrega el perejil, pasa a un tazón y deja que el relleno se enfríe completamente.

4 Con uno de los refractarios individuales para pay como guía, corta seis círculos de pasta de hojaldre, 2 cm más largos que el molde. Con una cuchara, sirve el relleno en los refractarios. Con un poco de agua, barniza los bordes de los círculos de pasta, cubre los moldes con el lado húmedo hacia abajo, presionando el borde de la pasta en el refractario para sellar. Marca con una cruz chica la parte superior de cada pay, inserta un ramito de tomillo, y barniza ligeramente con la leche.

5 Hornea durante 20-25 minutos, o hasta que la pasta esté crujiente y dorada, y el relleno caliente. Sirve los pays con puré de papa y frijoles al vapor.

Porciones: 6

Temperatura del horno 200° C, 400° F, Gas 6

Piernas de cordero con habas, aceitunas y risoni

Tiempo de preparación: 20 minutos **Tiempo de cocción:** 1 hora **Calorías:** 452 **Grasa:** 3 g

2 cucharadas de aceite de oliva

2 dientes de ajo, machacados

4 piernas de cordero

1 cebolla, picada

2 tazas de caldo de res

4 ramitas de orégano

2 cucharadas de puré de tomate

2 tazas de agua

1 taza de risoni (arroz)

1 taza de habas

½ taza de aceitunas

2 cucharaditas de orégano fresco, picado

sal y pimienta negra, recién molida

1 Calienta el aceite en una olla grande, agrega el ajo, las piernas de cordero y la cebolla; cocina durante 5 minutos, o hasta que las piernas se doren ligeramente.

2 Añade el caldo de res, las ramitas de orégano, el puré de tomate y la mitad del agua. Deja que suelte el hervor, baja la flama y hierve a fuego lento durante 40 minutos, tapado.

3 Retira las piernas, separa la carne del hueso y reserva.

4 Agrega el arroz y el resto del agua, cocina otros 5 minutos y después añade las habas, las aceitunas, la carne, el orégano, la sal y la pimienta. Cocina 5 minutos más y sirve.

Porciones: 4-6

Nota: Si las habas están grandes, quítales la cáscara.

Carne de res con alcachofas, aceitunas y orégano

Tiempo de preparación: 30 minutos **Tiempo de cocción:** 1 hora **Calorías:** 419 **Grasa:** 7g

2 cucharadas de aceite de oliva
750g de filete de res
1 diente de ajo, machacado
1 manojo de cebollas de cambray, sin tallo y en mitades
½ taza de vino blanco
1 taza de caldo de res
1 cucharada de puré de tomate
2 cucharaditas de orégano, picado
sal y pimienta negra, recién molida
2 alcachofas enteras, sin rabo y en cuartos
⅓ de taza de aceitunas, sin hueso

1 Precalienta el horno.

2 En un refractario grande, calienta 1 cucharada de aceite de oliva; agrega la carne y fríe rápido por todos lados. Retira y reserva.

3 Calienta el resto del aceite, añade el ajo y las cebollas de cambray, y cocina durante 2-3 minutos. Agrega el vino blanco y cocina 1 minuto; después incorpora el caldo, el puré de tomate, el orégano, la sal y la pimienta. Deja que suelte el hervor, regresa la carne, añade las alcachofas, tapa y hornea durante 30-40 minutos.

4 Agrega las aceitunas en los últimos 5 minutos de cocción.

5 Rebana la carne y acomódala con las verduras. Vierte la salsa sobre la carne y las verduras.

Porciones: 4

Nota: Quítale las hojas y los tallos a las alcachofas, colócalas en un recipiente de agua con jugo de limón para que no se oxiden.

Temperatura del horno 180° C, 350° F, Gas 4

Aves

Causa revuelo en la mesa de la cena con toda una nueva mezcla de aderezos para resaltar tus platillos de aves. Descubrirás recetas frescas y deliciosas que le dan otra dimensión al pollo. Prueba con un pollo al horno en salsa de menta y frutas, o baña un filete de pechuga con salsa de cítricos y yogurt. Nuestro equipo de expertos sufrió "la gota gorda" para que estas recetas supieran tan deliciosas como se oyen, las cuales puedes incorporar fácilmente a tu rutina diaria.

Rollos de pollo con salsa de naranja y pasas

Tiempo de preparación: 30 minutos **Tiempo de cocción:** 30 minutos **Calorías:** 200 **Grasa:** 9 g

2 cucharaditas de ralladura de naranja

4 tiras de cáscara de naranja, cortada en tiras delgadas (juliana)

3 naranjas, el jugo

1 cebolla chica, finamente picada y frita con un poco de mantequilla

¼ de taza de pan molido, fresco

2 cucharadas de pasas

1 kg de filetes de muslo de pollo

sal y pimienta

2 galletas de nuez y jengibre, finamente machacadas

2 cucharadas de brandy

1 Revuelve la ralladura de naranja, 2 cucharadas de jugo de naranja, la cebolla frita y el pan molido. Con un mazo para carne, aplana los filetes, con la parte lisa hacia abajo, y espolvorea con sal y pimienta. Pon una cucharada de relleno en cada filete y aprieta bien. Enrolla y cierra con un palillo de dientes.

2 Calienta mantequilla o aceite en una sartén y dora los rollos por todas partes. Baja la flama y agrega el resto del jugo de naranja, y con el dorso de una cuchara raspa los jugos dorados. Agrega las pasas y una pizca de sal y pimienta. Tapa y hierve a fuego lento durante 20 minutos, hasta que los rollos de pollo estén tiernos. Retira los rollos y ponlos en un platón; consérvalos calientes.

3 A los jugos de la olla agrega las galletas de nuez y jengibre machacadas. Revuelve a fuego bajo hasta que espese. Si deseas una consistencia más aguada, añade más jugo de naranja o agua. Vierte sobre los rollos de pollo y adorna con ralladura de naranja en juliana escaldada.

Porciones: 6

Pollo en salsa de fresa

Tiempo de preparación: 15 minutos **Tiempo de cocción:** 35 minutos **Calorías:** 144 **Grasa:** 7 g

400g de pechuga de pollo, en filetes
4 chalotes, finamente rebanados
sal y pimienta
½ taza de agua caliente
1 cucharada de mermelada de fresa
2 cucharadas de vinagre de estragón
1 cucharada de menta, finamente picada
2 fresas, rebanadas en tiras
1 cucharadita de maicena
1 cucharadita de agua
2 fresas, para adornar

1 Coloca los filetes y los chalotes en una olla con tapadera, espolvorea con sal y pimienta y añade agua. Deja que suelte el hervor, baja la flama y cuece a fuego lento, tapado, durante 20 minutos, hasta que estén tiernos. Retira los filetes cocidos a fuego lento, coloca en un plato y conserva calientes.

2 Reduce un poco el líquido de la olla, incorpora la mermelada de fresa, el vinagre, la menta y las fresas rebanadas. Hierve a fuego lento durante 1 minuto. Mezcla la maicena con el agua, agrega a la salsa y revuelve hasta que hierva y espese.

3 Coloca los filetes en platos individuales, baña con la salsa y adorna con fresas frescas y menta. Sirve con papas al vapor y arvejas o ejotes.

Porciones: 2

Nota: Si quieres una salsa más colorida, añádele una gota de colorante vegetal rojo.

Brochetas de pollo con salsa de limón y yogurt

Tiempo de preparación: 20 minutos + tiempo para marinar
Tiempo de cocción: 10 minutos **Calorías:** 283 **Grasa:** 3 g

24 brochetas satay de madera
1 taza de yogurt natural
2 dientes de ajo, machacados
1½ cucharaditas de páprika, en polvo
1½ cucharaditas de semillas de comino
4 cucharadas de jugo de limón
2 cucharadas de perejil, picado
2 cucharaditas de orégano, picado
pimienta negra, recién molida
aceite, para cocinar
6 filetes de muslo de pollo, en cubos

1. Remoja las brochetas de madera en agua fría durante 30 minutos.
2. Mezcla el yogurt, el ajo, la páprika, las semillas de comino, el jugo de limón, el perejil, el orégano y la pimienta, y revuelve muy bien.
3. Coloca el pollo en las brochetas y barniza con la mitad de la mezcla. Deja marinar en el refrigerador durante 2-3 horas.
4. Calienta el aceite en la parrilla de gas o eléctrica, y cocina las brochetas de pollo durante 4-5 minutos de cada lado.
5. Sirve con el resto de la marinada.

Porciones: 4

Rollitos de pollo con champiñones y estragón

Tiempo de preparación: 30 minutos **Tiempo de cocción:** 35 minutos **Calorías:** 207 **Grasa:** 10 g

2 cucharadas de aceite de oliva
1 poro chico, finamente picado
1 zucchini chica, finamente picada
1 diente de ajo, machacado
½ taza de champiñones, finamente picados
½ taza de champiñones oyster o shiitake, finamente picados
1 cucharada de estragón fresco, picado
hojas de estragón, para adornar
pimienta negra, recién molida
4 pechugas de pollo, sin piel y sin hueso
palillos

1 Precalienta el horno. Calienta la mitad del aceite en una olla. Agrega el poro, la zucchini, el ajo, los champiñones, y cocina durante 5 minutos, revolviendo, hasta que se suavicen. Retira de la estufa y añade el estragón y la pimienta.

2 Coloca las pechugas de pollo entre dos hojas de papel encerado y aplana con el rodillo. Divide el relleno en porciones iguales entre las pechugas. Enrolla y cierra los extremos con palillos húmedos. Barniza con el resto del aceite y coloca en una charola para horno de teflón.

3 Hornea durante 30-35 minutos, hasta que los jugos salgan claros al pinchar con un tenedor. Retira los palillos y corta el rollo en rebanadas de 2 cm, adorna con estragón fresco.

Porciones: 4

Nota: El sabor anisado del estragón fresco combina perfecto con el pollo y los champiñones. Sirve estos rollos en rebanadas acompañadas de papa y jitomates cherry asados.

Temperatura del horno 180° C, 350° F, Gas 4

Lasaña de pollo y brócoli

Tiempo de preparación: 30 minutos + 20 minutos para reposar
Tiempo de cocción: 45 minutos **Calorías:** 600 **Grasa:** 6 g

4 tazas de leche baja en grasa
2 cebollas de cambray, rebanadas
2 tallos de apio, rebanados
2 hojas de laurel
1 taza de brócoli, en ramilletes chicos
2 cucharadas de aceite de girasol
1 cebolla, picada
1 diente de ajo, machacado
1 taza de champiñones, rebanados
2 zucchinis, rebanadas
3 cucharadas de mantequilla de girasol
3 cucharadas de harina
½ taza de queso cheddar bajo en grasa, finamente rallado
1½ tazas de pechuga de pollo sin hueso, sin piel, cocida y en cubos
pimienta negra, recién molida
170g de lasaña de huevo

1 En una olla chica, pon la leche, las cebollas de cambray, el apio y las hojas de laurel, y deja que suelte el hervor. Reserva la infusión y deja reposar durante 20 minutos. Cuece el brócoli en una olla con agua hirviendo durante 2 minutos. Escurre y reserva. Calienta aceite en una sartén y cocina la cebolla, el ajo, los champiñones y las zucchinis durante 5 minutos, o hasta que se suavicen.

2 Precalienta el horno. En una olla, coloca la mantequilla de girasol y el harina y cuela la leche. Deja que suelte el hervor, sin dejar de batir. Hierve a fuego lento durante 3 minutos, revolviendo. Reserva 1¼ tazas de la salsa y al resto agrega media taza de queso cheddar, la mezcla de cebolla, el brócoli, el pollo y pimienta.

3 Con una cuchara, sirve la mitad de la mezcla en un refractario, cubre con la mitad de las hojas de lasaña. Repite el procedimiento, vierte la salsa que reservaste y espolvorea con el resto del queso cheddar. Hornea durante 45 minutos, o hasta que dore.

Porciones: 4

Temperatura del horno 180° C, 350° F, Gas 4

Filetes de pavo con salsa de mostaza

Tiempo de preparación: 10 minutos **Tiempo de cocción:** 15 minutos **Calorías:** 252 **Grasa:** 3 g

1 cucharada de aceite de oliva
4 filetes de pechuga de pavo, sin piel
y sin hueso

Salsa

1 cucharada de mantequilla de girasol
1 cucharada de harina
1 taza de leche baja en grasa
1-2 cucharadas de mostaza
de grano entero
pimienta negra, recién molida
hierbas frescas, como albahaca,
cebollín o cilantro, para adornar

1 Calienta el aceite en una sartén de teflón. Agrega los filetes de pavo y cocina durante 15 minutos, o hasta que estén tiernos y ligeramente dorados, voltea una vez.

2 Mientras, funde la mantequilla de girasol en una olla. Añade el harina y cocina durante 1 minuto, sin dejar de revolver. Retira de la estufa y agrega la leche poco a poco, revolviendo hasta que quede homogénea.

3 Regresa a la estufa y deja que suelte el hervor a fuego lento, revolviendo continuamente hasta que espese la salsa. Hierve a fuego lento durante 2 minutos, revolviendo de vez en cuando. Incorpora la mostaza y la pimienta.

4 Baña los filetes de pavo con la salsa de mostaza y sirve adornados con las hierbas frescas.

Porciones: 4

Ensalada de pollo

Preparación. 30 minutos + 1 hora para refrigerar **Tiempo de cocción:** 35 minutos **Calorías:** 156 **Grasa:** 14 g

1½ kg de pollo, rostizado
1 manojo de espinacas inglesas
1 lechuga
1 achicoria
6 rebanadas de pan
2 cucharadas de aceite de oliva
4 tiras de tocino
1 lata de rebanadas de mango
o 1 mango fresco, rebanado
2 cebollas españolas chicas, finamente
rebanadas
2 aguacates, pelados y rebanados

Aderezo
½ taza de aceite de oliva
¼ de taza de vinagre
1 cucharadita de mostaza Dijon
1 cucharadita de azúcar
1 cucharadita de tomillo, fresco
1 cucharadita de ralladura de limón

Adorno
flores capuchinas

Aderezo

1 Mezcla todos los ingredientes del aderezo en una jarra con tapadera de rosca y agita bien. Deja reposar durante 30 minutos, para que se concentre el sabor.

Ensalada

1 Lava las espinacas y las lechugas, escurre bien, coloca sobre un trapo de cocina limpio y refrigera durante 1 hora para que se vuelvan crujientes. Parte en trozos masticables.

2 Quítale la corteza al pan y corta en cubos chicos. Fríe en aceite caliente hasta que estén bien dorados y crujientes. Escurre en toallas de papel absorbente.

3 Parte el tocino en cubos y fríe hasta que esté crujiente.

4 Escurre las rebanadas de mango, córtalas a la mitad a lo largo, o pela el mango fresco y pártelo en tiras.

5 Corta la pechuga del pollo, desecha la piel y parte en tiras. Corta las piernas y los muslos, desecha la piel y parte en tiras.

6 Revuelve las espinacas, las lechugas, las rebanadas de cebolla, los crutones y el tocino. Mezcla muy bien con la mitad del aderezo. Coloca en una ensaladera o en un platón y acomoda encima la mitad de los trozos de pollo, dejando un borde de hojas. Pon una hilera de aguacate sobre el pollo, dejando al descubierto una parte de éste, después más pollo seguido de rebanadas de mango. Termina con una pequeña cantidad de pollo. Baña con el resto del aderezo y adorna con las flores capuchinas.

Porciones: 15

Pollo cajún con salsa de papaya

Tiempo de preparación: 15 minutos **Tiempo de cocción:** 35 minutos **Calorías:** 162 **Grasa:** 8 g

4 filetes de pechuga de pollo, sin hueso, sin piel y sin grasa
2 dientes de ajo, machacados
1 cucharada de sal de cebolla
1 cucharada de pimienta blanca, molida
1 cucharada de pimienta negra, partida
2 cucharaditas de pimienta de cayena
1 cucharada de páprika
1 cucharada de mezcla de hierbas secas

Salsa de papaya

1 papaya chica, en cubos
1 pepino, en cubos
2 cucharadas de hojas de menta
2 cucharadas de yogurt natural bajo en grasa
2 cucharadas de jugo de limón

1 Frota el pollo con el ajo machacado. En un tazón, coloca la sal de cebolla, la pimienta blanca, la pimienta negra, la pimienta de cayena, la páprika y las hierbas mixtas y revuelve.

2 Frota el pollo con la mezcla de especias, colócalo en una charola para horno de teflón y hornea durante 25-30 minutos, o hasta que el pollo esté tierno. Cubre y deja reposar durante 5 minutos antes de servir.

Salsa de papaya

1 En un recipiente, coloca la papaya, el pepino, la menta, el yogurt, el jugo de limón y revuelve. Sirve con el pollo.

Porciones: 4

Nota: Después de frotar el pollo con la mezcla de hierbas, lávate las manos y no te toques la cara ni los labios porque la pimienta de cayena provoca quemaduras.

Temperatura del horno 180° C, 350° F, Gas 4

Pollo a la parrilla
con puré de calabaza

Tiempo de preparación: 40 minutos **Tiempo de cocción:** 2 minutos **Calorías:** 261 **Grasa:** 1 g

500g de lomo de pollo

2 cucharadas de jugo de limón

1 diente de ajo, machacado

2 cucharaditas de aceite de oliva

250g de papas, peladas, cortadas y enjuagadas

1kg de calabaza dulce, cortada y pelada

2 cucharadas de leche baja en grasa

1 cucharadita de nuez moscada

1 cucharada de cilantro o perejil, picados

aceite de cártamo en aerosol

1 cebolla mediana, finamente rebanada

2 jitomates medianos, rebanados

1 Coloca el pollo en un refractario de vidrio o de cerámica. Agrega el jugo de limón, el ajo y el aceite. Cubre y marina durante 40 minutos en el refrigerador.

2 Mientras, hierve las papas y la calabaza hasta que estén tiernas, escurre y hazlas puré. Agrega la leche, la nuez moscada y el cilantro o el perejil. Reserva y conserva caliente. Calienta la parrilla a temperatura alta, rocía ligeramente con el aceite de cártamo en aerosol y coloca el pollo, la cebolla y los jitomates. Cocina el pollo durante 2 minutos cada pieza, voltea los jitomates y la cebolla, y cocina hasta que se suavicen.

3 Sirve la calabaza en cuatro platos calientes, acomoda el pollo asado sobre el puré y encima el jitomate asado y la cebolla.

Porciones: 4

Cena al vapor para uno

Tiempo de preparación: 10 minutos **Tiempo de cocción:** 20 minutos **Calorías:** 121 **Grasa:** 8 g

125g de pollo frito, en tiras
3 papas chicas, lavadas
1 zanahoria chica, en tiras delgadas
1 trozo de mantequilla
2 cucharaditas de jugo de limón
pimienta
2 chalotes, cortados en diagonal
½ tallo de apio, en tiras delgadas

1 Coloca las papas en una olla y cubre con agua, agrega sal y deja que suelte el hervor.

2 Engrasa bien un plato llano con mantequilla, coloca las tiras de pollo en una capa, las tiras de zanahoria y de apio. Baña el pollo con el jugo de limón y la pimienta. Agrega más mantequilla, si quieres. Coloca el plato sobre la olla de papas y cubre con un plato invertido. Cocina durante 20 minutos, hasta que el pollo esté tierno.

3 Retira las papas de la olla y sirve con el pollo y las verduras al vapor.

Porciones: 1-2

Pollo a la naranja

Tiempo de preparación: 10 minutos + 2 horas para marinar
Tiempo de cocción: 30 minutos **Calorías:** 165 **Grasa:** 8 g

4 pechugas de pollo, sin hueso y sin piel

2 cucharaditas de maicena disuelta con 3 cucharadas de caldo de pollo

Marinada
190ml de jugo de naranja
1 cucharada de ralladura de naranja
½ cucharadita de mostaza francesa
½ cucharadita de nuez moscada, en polvo
½ cucharadita de curry en polvo
pimienta negra, recién molida

1 Para preparar la marinada, mezcla el jugo de naranja, la ralladura, la mostaza, la nuez moscada y el curry en polvo en un plato de vidrio llano. Sazona con pimienta al gusto. Agrega el pollo y marina durante 1-2 horas.

2 Pasa el pollo y un poco de marinada a un refractario. Hornea durante 30 minutos, o hasta que el pollo esté tierno. En una olla, coloca el resto de la marinada con la maicena disuelta en caldo. Cocina a fuego medio hasta que la salsa hierva y espese. Vierte sobre el pollo y sirve.

Porciones: 4

Temperatura del horno 180° C, 350° F, Gas 4

Pollo con ciruelas

Tiempo de preparación: 25 minutos + 1 hora para remojar
Tiempo de cocción: 35 minutos **Calorías:** 166 **Grasa:** 9 g

10 ciruelas sin hueso
½ taza de jugo de manzana
1kg de muslos de pollo
1 cucharada de aceite de oliva
1 cebolla, finamente picada
1 manzana verde, pelada
y en rebanadas
sal y pimienta
¼ de taza de jugo de limón
¼ de cucharadita de nuez moscada
1 cucharada de nueces de Castilla,
picadas

1 Remoja las ciruelas en el jugo de manzana durante 1 hora.

2 Corta los muslos, lávalos y sécalos.

3 Calienta el aceite en una sartén profunda con tapadera, agrega los muslos de pollo y dora muy bien de cada lado. Retira y coloca en un plato.

4 Añade la cebolla a la sartén y cocina hasta que se suavice. Agrega la manzana y cocina durante 3 minutos, voltea una vez. Sazona al gusto con sal y pimienta.

5 Regresa el pollo a la sartén, añade las ciruelas y el jugo de manzana. Tapa y cocina a fuego lento durante 25 minutos.

6 Cuando el pollo esté cocido, retira la tapa, agrega el jugo de limón y la nuez moscada, y cocina durante 5 minutos más.

7 Saca y coloca el pollo, las ciruelas, la manzana y la salsa en un platón. Esparce las nueces de Castilla y sirve con arroz y verduras.

Porciones: 4

Pescado y mariscos

Dale un toque de estilo y sofisticación a los alimentos con los sabores de la profundidad del azul océano. Los mariscos añaden sabores que no brindan la carne ni el pollo. Ya no sólo son exclusivos de los menús de restaurante, hoy en día la gente lleva bacalao, salmón, camarones y mejillones a la cocina de sus casas como parte de un régimen alimenticio saludable. Los mariscos vuelven extraordinarios tus brunches, comidas y cenas, y nunca se te acabarán las ideas. Prueba estas recetas con tu familia, te las pedirán una y otra vez.

Atún a la parrilla con salsa de durazno

Tiempo de preparación: 15 minutos + 1 hora para reposar
Tiempo de cocción: 3-5 minutos **Calorías:** 332 **Grasa:** 3 g

4 filetes de atún
1 cucharada de aceite de oliva
pimienta negra
cilantro fresco, picado, para adornar
rodajas de limón, para servir

Salsa

3 duraznos maduros, pelados,
sin hueso y finamente picados
4 cebollas de cambray, finamente
picadas
½ taza de pimiento amarillo,
sin semillas y finamente picado
½ limón, el jugo
1 cucharada de cilantro fresco, picado
pimienta negra

Salsa

1 En un tazón, coloca los duraznos, las cebollas de cambray, el pimiento, el jugo de limón, el cilantro y pimienta negra; revuelve muy bien. Cubre y reserva cuando menos durante 1 hora para que los sabores se mezclen.

Atún

1 Precalienta la parrilla a temperatura alta. Barniza el atún con el aceite y sazona con pimienta negra. Asa durante 3-5 minutos de cada lado, hasta que se cueza el pescado y la carne comience a desmenuzarse. Adorna con cilantro fresco y sirve con rodajas de limón y la ensalada de durazno.

Porciones: 4

Nota: Los filetes de atún fresco son deliciosos solos, pero servidos con esta salsa de durazno son absolutamente fabulosos. La salsa combina muy bien con jamón y cerdo.

Bacalao con limón y hierbas frescas al horno

Tiempo de preparación: 10 minutos **Tiempo de cocción:** 20 minutos **Calorías:** 175 **Grasa:** 1g

1 limón, el jugo y la ralladura
½ lima, el jugo
1 cucharada de aceite de oliva
1 cucharadita de miel
1 cucharada de estragón fresco, picado
1 cucharada de perejil fresco, picado
pimienta negra
4 filetes de bacalao
estragón fresco y rebanadas de limón, para adornar

1 Precalienta el horno. En un recipiente pequeño, coloca el jugo y la ralladura de limón, el jugo de lima, el aceite de oliva, la miel, el estragón, el perejil y la pimienta; revuelve hasta incorporar muy bien.

2 Coloca el bacalao en un refractario y vierte encima la mezcla de limón. Cubre con papel aluminio, un poco suelto para que no toque la comida. Hornea durante 20 minutos, o hasta que el pescado esté tierno y comience a desmenuzarse. Adorna con estragón fresco y rebanadas de limón.

Porciones: 4

Nota: La miel, el jugo de cítricos y el estragón convierten al bacalao horneado en un platillo realmente especial y muy fácil de preparar. Sírvelo con papas y zanahorias baby.

Temperatura del horno 200° C, 400° F, Gas 6

Mejillones a la marinera

Tiempo de preparación: 10 minutos **Tiempo de cocción:** 10 minutos **Calorías:** 177 **Grasa:** 2 g

1kg de mejillones, limpios
1 cebolla chica, rebanada
1 tallo de apio, rebanado
1 diente de ajo, picado
6 cucharadas de agua o vino blanco
pimienta
1 cucharada de mantequilla
1 cucharada de perejil, picado

1 En una olla grande, coloca los mejillones, la cebolla, el apio, el ajo y el agua o el vino.

2 Cocina a fuego medio hasta que se abran los mejillones. Revuelve con frecuencia para que los mejillones se cuezan parejos.

3 Agrega pimienta al gusto. Añade la mantequilla y el perejil justo antes de servir.

Porciones: 3-4

Salmón escalfado con espárragos

Tiempo de preparación: 10 minutos **Tiempo de cocción:** 5-7 minutos **Calorías:** 403 **Grasa:** 7 g

4 filetes de salmón, sin piel
pimienta negra, recién molida
¾ de taza de caldo de verduras
¾ de taza de vino blanco seco
2 hojas de laurel
20 espárragos
1 cucharada de aceite de oliva
cebollín fresco, para adornar
4 rebanadas de limón, para servir

1 Coloca el salmón en una sartén grande y llana, y sazona con pimienta. Mezcla el caldo y el vino, y vierte sobre el salmón. Agrega las hojas de laurel y tapa la sartén.

2 Deja que suelte el hervor, baja la flama y cocina a fuego muy lento durante 10 minutos, o hasta que se cueza el pescado y la carne comience justo a desmenuzarse.

3 Mientras, precalienta la parrilla. Barniza ligeramente los espárragos con el aceite y colócalos en la rejilla. Asa durante 5-7 minutos, hasta que los espárragos estén tiernos y ligeramente dorados, voltea de vez en cuando.

4 Con una pala para pescado, saca el salmón del caldo y colócalo en platos con los espárragos. Adorna con un poco de cebollín fresco y sirve con rebanadas de limón.

Porciones: 4

Nota: El salmón escalfado es muy sencillo y evita que el pescado se seque mucho. El caldo que sobra puedes congelarlo hasta por dos meses y usarlo para preparar sopas o salsas.

Brochetas de pescado marinado

Tiempo de preparación: 25 minutos + 2 horas para marinar
Tiempo de cocción: 10-15 minutos **Calorías:** 118 **Grasa:** 2 g

4 brochetas de madera

1kg de filete de pescado blanco, sin piel, sin espinas, en cubos de 2.5 cm

4 cebollitas o cebollas de cambray chicas, en mitades

1 pimiento rojo chico y 1 amarillo, sin semillas y cortados en 8-12 trozos

1 zucchini chica, en 12 rebanadas finas

1 limón, la ralladura y el jugo

2 cucharadas de jugo de naranja, recién exprimido

1 cucharada de jerez seco

2 cucharaditas de miel

2 dientes de ajo, machacados

pimienta negra, recién molida

hierbas frescas, como romero, mejorana y albahaca, para adornar

1 Remoja las brochetas en agua durante 10 minutos, mientras preparas las verduras. Ensarta en cada brocheta cantidades iguales de pescado, cebollas, pimientos y zucchinis.

2 Coloca las brochetas en un refractario llano de vidrio o de cerámica en una sola capa. En un tazón chico, revuelve la ralladura y el jugo de limón, el jugo de naranja, el jerez, la miel, el ajo y pimienta negra; vierte sobre las brochetas. Reboza para cubrir bien, tapa y refrigera durante 2 horas.

3 Precalienta la parrilla a temperatura media. Asa las brochetas durante 10-15 minutos, hasta que el pescado esté tierno, volteando de vez en cuando. Baña con frecuencia con la marinada para que las brochetas estén húmedas. Adorna con las hierbas frescas.

Porciones: 4

Risotto de mariscos y brócoli

Tiempo de preparación: 15 minutos **Tiempo de cocción:** 10 minutos **Calorías:** 371 **Grasa:** 6 g

1 cucharada de aceite de girasol
6 cebollas de cambray, picadas
1 diente de ajo, finamente picado
1 pimiento rojo o amarillo, sin semillas y en cubos
1 taza de arroz arborio
2 tazas de caldo de verduras
1½ tazas de champiñones, rebanados
1 taza de vino blanco seco
500g de selección de mariscos, descongelados
250g de brócoli, en ramilletes chicos
2 cucharadas de perejil de hoja plana fresco, picado
pimienta negra, recién molida

1 Calienta el aceite en una olla grande, agrega las cebollas de cambray, el ajo y el pimiento, y cocina durante 5 minutos, o hasta que se suavicen, revolviendo de vez en cuando. Agrega el arroz y cocina durante 1 minuto, sin dejar de revolver, hasta que esté bien cubierto con aceite.

2 En otra olla, coloca el caldo y deja que suelte el hervor. Añade los champiñones, el vino y ¼ taza de caldo a la mezcla de arroz. Deja que suelte el hervor, revuelve y después cocina a fuego lento, destapado, durante 15 minutos, o hasta que se absorba casi todo el líquido, revolviendo de vez en cuando. Agrega otra taza de caldo y cocina durante 15 minutos, o hasta que se absorba, revolviendo con frecuencia.

3 Añade los mariscos y casi todo el resto del caldo, revuelve con frecuencia durante 5 minutos, o hasta que el arroz esté cocido, pero firme. De ser necesario, agrega el resto del caldo y asegúrate que los mariscos se cuezan bien. Mientras, cuece el brócoli en agua hirviendo durante 3 minutos, o hasta que esté tierno. Escurre bien, incorpora al risotto con el perejil y sazona con pimienta negra.

Porciones: 4

Nota: El secreto para cocinar un buen risotto es no dejar de añadir la cantidad justa de líquido y revolver lo más posible. Puedes usar cualquier mezcla de mariscos, camarones y mejillones están bien.

Verduras

En la búsqueda de una alimentación nutritiva, mucha gente se hunde en una aburrida rutina de verduras insípidas. Bueno, prepárate para eliminar esa creencia. Nuestro equipo de expertos hizo uso de todo su poder creativo para brindarte estos deliciosos platillos. Desarrollarás una nueva apreciación de las verduras después de que pruebes cada receta, ya sea que entierres el tenedor en el suflé de espinacas o pruebes la pizza de cebolla morada, zucchini y jitomate. Nuestros platillos son frescos, emocionantes y deliciosos, son fáciles de preparar y mucho más sencillos de comer. ¡La buena vida nunca se vio ni supo tan bien!

Pastel de verduras

Tiempo de preparación: 10 minutos **Tiempo de cocción:** 1 hora 30 minutos **Calorías:** 154 **Grasa:** 2 g

1 cebolla, rebanada
2 poros, rebanados
2 tallos de apio, picados
2 zanahorias, finamente rebanadas
1 pimiento rojo, sin semillas
y en rebanadas
500g de tubérculos mixtos, como
camote, chirivía y nabo, en cubos
2 tazas de champiñones, rebanados
2 tazas de jitomates enlatados, picados
6 cucharadas de sidra seca
1 cucharadita de tomillo, seco
1 cucharadita de orégano, seco
pimienta negra, recién molida
hierbas frescas, como albahaca
y cilantro, para adornar

1 Precalienta el horno. En un refractario grande y hondo revuelve muy bien la cebolla, el poro, el apio, las zanahorias, el pimiento, los tubérculos y los champiñones. Agrega los jitomates, la sidra, el tomillo, el orégano y pimienta negra.

2 Cubre y hornea en el centro del horno durante 1-1½ horas, hasta que las verduras se cuezan bien y estén tiernas, revolviendo una o dos veces. Adorna con las hierbas frescas.

Porciones: 4

Nota: Este abundante platillo de verduras es muy económico, sobre todo en el otoño porque los ingredientes son de la estación. Sirve con pan caliente y crujiente.

Temperatura del horno 180° C, 350° F, Gas 4

Moussaka de frijoles, lentejas y berenjena

Tiempo de preparación: 30 minutos **Tiempo de cocción:** 1 hora **Calorías:** 370 **Grasa:** 3 g

½ taza de lentejas continentales, enjuagadas y escurridas

1 berenjena, finamente rebanada

2 cucharadas de aceite de oliva

2 poros, rebanados

2 tallos de apio, picados

2 dientes de ajo, machacados

1 pimiento amarillo, sin semillas y en cubos

2 tazas de jitomates enlatados, picados

5 cucharadas de vino blanco seco

2 cucharadas de puré de tomate

2 tazas de frijoles bayos enlatados, escurridos y enjuagados

2 cucharaditas de hierbas mixtas secas

pimienta negra, recién molida

1¼ tazas de yogurt natural bajo en grasa

2 huevos medianos

2 cucharadas de queso parmesano, finamente rallado

hierbas frescas, como albahaca, para adornar

1 Agrega las lentejas a una olla de agua hirviendo, tapa y cocina a fuego lento durante 30 minutos, o hasta que estén tiernas. Escurre, enjuaga, vuelve a escurrir y reserva.

2 Precalienta el horno. Mientras, cuece las rebanadas de berenjena en una olla de agua hirviendo durante 2 minutos. Escurre, seca con un trapo de cocina y reserva.

3 Calienta el aceite en una sartén, agrega los poros, el apio, el ajo y el pimiento; cocina durante 5 minutos, o hasta que estén ligeramente suaves. Añade las lentejas cocidas, los jitomates, el vino, el puré de tomate, los frijoles, la mezcla de hierbas y pimienta negra. Tapa, deja que suelte el hervor, cocina a fuego lento durante 10 minutos, o hasta que se suavicen las verduras.

4 En un refractario, sirve la mitad de la mezcla de frijoles y lentejas, y encima una capa de berenjena. Repite el proceso. Revuelve el yogurt y los huevos, y vierte encima. Espolvorea con el queso parmesano. Hornea durante 40 minutos, o hasta que esté bien dorado y burbujee. Adorna con las hierbas frescas.

Porciones: 4

Nota: Este platillo contiene muchas proteínas para los vegetarianos. Si ya se te hizo tarde para la cena, puedes usar lentejas enlatadas ya cocidas. Sirve con ensalada verde.

Temperatura del horno 180° C, 350° F, Gas 4

Verduras verdes fritas

Tiempo de preparación: 5 minutos **Tiempo de cocción:** 5 minutos **Calorías:** 70 **Grasa:** 4 g

2 cucharadas de semillas de ajonjolí
1 diente de ajo, machacado
200g de arvejas
200g de verduras chinas como bok choy, brócoli y col chinas, picadas
150g de germinado de soya
2 cucharadas de salsa de soya dulce
1 cucharada de salsa de ostión
1 cucharada de salsa de chile dulce

1 En una sartén de teflón, coloca las semillas de ajonjolí y fríe a fuego medio durante 2 minutos, o hasta que estén doradas.

2 Agrega a la sartén las arvejas, las verduras chinas, el germinado de soya, la salsa de soya, la de ostión y la de chile, y fríe durante 3 minutos o hasta que las verduras estén tiernas. Sirve de inmediato.

Porciones: 4

Nota: La col común es una muy buena alternativa para las verduras chinas de esta receta.

Suflé de espinacas

Tiempo de preparación: 30 minutos **Tiempo de cocción:** 30 minutos **Calorías:** 284 **Grasa:** 5 g

500g de espinacas frescas
1 cucharada de mantequilla de girasol
mantequilla de girasol, para engrasar
1 cucharada de queso parmesano, finamente rallado
1 cucharada de harina
1 taza de leche baja en grasa
4 huevos medianos, separadas las claras y las yemas
1 clara de huevo adicional
½ taza de queso cheddar añejo, bajo en grasa, finamente rallado
pimienta negra, recién molida
1 pizca de nuez moscada

1 Enjuaga las espinacas, quítale los tallos o las hojas gruesas, y colócala en una olla grande. Tapa y cocina a fuego lento durante 4-5 minutos, o hasta que se cueza. Escurre y aprieta para eliminar el exceso de agua. Corta en trozos grandes y reserva.

2 Precalienta el horno. Engrasa un molde para suflé de cuatro tazas de capacidad, espolvorea con queso parmesano y reserva. En una olla, calienta la mantequilla de girasol, el harina y la leche, batiendo continuamente, hasta que hierva la salsa. Hierve a fuego lento durante 3 minutos, revolviendo. Pasa a un tazón grande, agrega las espinacas y revuelve bien. Poco a poco, incorpora batiendo las yemas de huevo y ⅔ del queso cheddar, sazona con pimienta y nuez moscada. En un tazón limpio y seco, bate las claras hasta que esponjen, es más fácil hacerlo con la batidora eléctrica, e incorpora a la mezcla de espinacas.

3 Con una cuchara, sirve la mezcla en el molde preparado y espolvorea con el resto del queso cheddar. Hornea durante 30 minutos, o hasta que esté bien levantado y ligeramente cuajado.

Porciones: 4

Nota: Para que el suflé salga mejor, colócalo en una charola para hornear precalentada antes de meterlo al horno.

Temperatura del horno 190° C, 375° F, Gas 5

Pizza de cebolla morada, zucchini y jitomate

Tiempo de preparación: 25 minutos **Tiempo de cocción:** 25-30 minutos **Calorías:** 425 **Grasa:** 9 g

1 cucharada de aceite de oliva
aceite de oliva adicional,
para engrasar
2 cebollas moradas chicas, rebanadas
1 pimiento amarillo, sin semillas
y rebanado
2 zucchinis chicas, rebanadas
1 diente de ajo, machacado
2 tazas de harina integral
2 cucharaditas de polvo para hornear
3 cucharadas de mantequilla
de girasol
½ taza de leche baja en grasa
4 cucharadas de puré de tomate
1 cucharada de concentrado de tomate
2 cucharaditas de hierbas mixtas secas
pimienta negra, recién molida
3 jitomates bola chicos, rebanados
½ taza de queso cheddar añejo, bajo
en grasa, rallado
albahaca fresca, para adornar

1 Precalienta el horno. En una olla, calienta el aceite, agrega las cebollas, el pimiento, las zucchinis y el ajo; cocina durante 5 minutos, o hasta que se suavicen, revolviendo de vez en cuando. Reserva.

2 En un recipiente, coloca el harina y el polvo para hornear, después incorpora la mantequilla de girasol frotando. Añade la leche para formar una masa homogénea y amasa ligeramente.

3 En una superficie ligeramente enharinada, extiende la masa con el rodillo en un círculo de 4 cm de ancho y colócalo en una charola para hornear engrasada. Revuelve el puré y el concentrado de tomate, la mezcla de hierbas y pimienta negra, y unta en la masa. Encima coloca la mezcla de cebolla.

4 Coloca las rebanadas de jitomate encima y espolvorea con el queso cheddar. Hornea durante 25-30 minutos, hasta que el queso esté bien dorado y burbujee. Adorna con hojas de albahaca.

Porciones: 4

Nota: Las cebollas moradas se caramelizan y se vuelven muy dulces durante la cocción de la pizza. Si no tienes mezcla de hierbas, usa orégano o mejorana secos.

Temperatura del horno 220° C, 425° F, Gas 7

Risotto de calabaza y alcachofas

Tiempo de preparación: 20 minutos **Tiempo de cocción:** 25 minutos **Calorías:** 103 **Grasa:** 2 g

3 tazas de caldo de verduras
1 taza de vino blanco
1 cucharada de aceite de oliva
1 cebolla, picada
2 cucharaditas de comino, en polvo
½ cucharadita de nuez moscada
200g de calabaza dulce, picada
330g de arroz arborio o risotto
1 lata de 440g de corazones de alcachofa, escurridos y picados
90g de jitomates deshidratados, picados
2 cucharadas de savia fresca, picada
pimienta negra, recién molida
30g de queso parmesano, rallado

1 Coloca el caldo y el vino en una olla, deja que suelte el hervor a fuego medio. Reduce la flama y conserva caliente.

2 En una olla, calienta el aceite a fuego medio, agrega la cebolla, el comino y la nuez moscada. Cocina, revolviendo, durante 3 minutos o hasta que se suavice la cebolla. Añade la calabaza y cocina, sin dejar de revolver, durante 3 minutos.

3 Agrega el arroz y cocina, revolviendo, durante 5 minutos. Vierte una taza del caldo caliente al arroz y cuece a fuego medio, moviendo constantemente, hasta que se absorba el caldo. Sigue cocinando así hasta que te acabes el caldo y el arroz esté tierno.

4 A la mezcla de arroz agrega las alcachofas, los jitomates deshidratados, la salvia y pimienta negra al gusto. Mezcla y cocina durante 2 minutos, o hasta que se caliente bien. Retira la olla de la estufa, incorpora el queso parmesano y sirve.

Porciones: 4

Nota: El arroz arborio o risotto es el que tradicionalmente se usa para preparar risottos. Absorbe el líquido sin suavizarse y esta cualidad especial lo hace ideal para los risottos. Un risotto hecho a la manera tradicional, en el que el se añade líquido poco a poco mientras se cuece el arroz, tarda 20-30 minutos.

Postres

Los postres pueden seguir formando parte de un programa alimenticio nutritivo si son bajos en grasa y altos en sabor. Encontramos el equilibrio perfecto entre ambos con nuestros ingredientes que son para chuparse los dedos, y eliminamos la culpa de lo que será una indulgencia de todos los días. Ingredientes deliciosos como la fruta, el yogurt, la miel y los higos, brindan una dulzura natural sin alterar las básculas, así que puedes comerlos sin remordimientos. Tómate tu tiempo para mirar estas páginas y descubrirás toda una nueva gama de obsesiones alimenticias, placeres para el paladar que no te hacen daño.

Helado de yogurt de frambuesa

Tiempo de preparación: 15 minutos + 6 horas para congelar + 30 minutos para refrigerar
Calorías: 158 **Grasa:** 1 g

3 tazas de frambuesas, descongeladas
¼ taza de azúcar refinada
1½ tazas de yogurt de frambuesa, bajo en grasa
½ taza de yogurt natural, sin grasa
menta fresca y frambuesas, para decorar

1 Coloca las frambuesas en el procesador de alimentos y licua hasta hacer puré. Cuela la mezcla en un tazón, desecha las semillas, agrega el azúcar y revuelve bien.

2 Mezcla el yogurt de frambuesa con el natural. Vierte la mezcla en un recipiente para congelador, tapa y congela durante 2 horas. Mientras, mete un recipiente grande y vacío al refrigerador para enfriar.

3 Sirve la mezcla de frambuesa en el recipiente frío y bate con un tenedor para romper los cristales de hielo. Coloca en el recipiente para congelador, tapa y congela 4 horas más, o hasta que esté firme.

4 Pásalo al refrigerador 30 minutos antes de servir, para que se suavice. Sirve en bolas, decoradas con menta fresca y frambuesas.

Porciones: 4

Nota: El inconfundible sabor de las frambuesas combina muy bien con este helado ácido, pero no hay nada que te impida reemplazarlas con fresas frescas y yogurt de fresa.

Fruta asada con miel y yogurt de vainilla

Tiempo de preparación: 15 minutos **Tiempo de cocción:** 10 minutos **Calorías:** 243 **Grasa:** 5 g

3 cucharadas de miel

2 cucharadas de jugo de manzana, sin azúcar

1 cucharadita de especias mixtas, en polvo

1 mango maduro

1 piña chica, pelada, sin corazón y en rebanadas

2 manzanas, peladas, sin corazón y rebanadas

2 peras, peladas, sin corazón y rebanadas

1¼ tazas de yogurt natural, sin grasa

unas gotas de extracto de vainilla

1 Precalienta la parrilla a temperatura alta. En un tazón, mezcla 2 cucharadas de miel con el jugo de manzana y las especias. Pela el mango y parte la carne.

2 Cubre la rejilla de la parrilla con papel aluminio y coloca la mitad del mango, de la piña, de la manzana y de las peras. Baña con la mitad de la mezcla de miel y especias. Asa durante 10 minutos, o hasta que estén ligeramente suaves, voltea la fruta una vez. Consérvala caliente mientras repites el procedimiento con el resto de la fruta.

3 Mientras, coloca el yogurt en un tazón con el extracto de vainilla y el resto de la miel, y revuelve bien. Sirve la fruta caliente con el yogurt de vainilla.

Porciones: 4-6

Nota: La fruta bañada con miel y asada hasta que empieza a dorarse sabe deliciosa si se sirve caliente y se acompaña con helado. Pero sabe aún mejor con yogurt de vainilla.

Pastel hervido de naranja, limón y almendras

Tiempo de preparación: 15 minutos + 2 horas para hervir
Tiempo de cocción: 1 hora **Calorías:** 410 **Grasa:** 3 g

2 naranjas nável y 4 limones de
cáscara delgada, 350g en total
aceite de cártamo en espray
3 huevos
4 claras de huevo
1½ tazas de azúcar
1 cucharadita de polvo para hornear
2 tazas de harina de almendra
helado o yogurt sin grasa, para servir

1. Lava las naranjas y los limones. Pon las naranjas en una olla grande de agua hirviendo y cuece a fuego lento durante 1 hora. Agrega los limones y sigue cociendo durante 1 hora más, o hasta que la fruta esté muy suave. Saca del agua y deja enfriar. Parte la fruta a la mitad, quítale las semillas y tíralas. Pon toda la fruta, con todo y cáscara, en la licuadora o el procesador de alimentos y muele hasta hacer puré.

2. Precalienta el horno. Rocía ligeramente un molde redondo de 23 cm con el aceite en espray y fórralo con papel encerado.

3. Bate los huevos, las claras, el azúcar y el polvo para hornear hasta que estén pálidos y espesos, agrega el harina de almendra y el puré de cítricos.

4. Con una cuchara, sirve la mezcla en el molde preparado y hornea durante 1 hora, o hasta que el tenedor salga limpio al insertarlo en el centro.

5. Deja que se enfríe en el molde. Sirve con el helado o el yogurt sin grasa.

Porciones: 8-10

Temperatura del horno 190° C, 375° F, Gas 5

Pay de ricotta con compota de fruta

Tiempo de preparación: 15 minutos + 30 minutos para enfriar
Tiempo de cocción: 10 minutos **Calorías:** 345 por porción **Grasa:** 7 g por porción

aceite de cártamo en espray
150g de galletas dulces sin grasa
2 cucharadas de nueces pecanas,
tostadas
3 cucharadas de mantequilla
poliinsaturada o margarina, fundida
1½ cucharaditas de gelatina sin sabor
en polvo
2 naranjas chicas, la ralladura
y el jugo
2 limones chicos, la ralladura y el jugo
1½ tazas de queso ricotta sin grasa,
escurrido
¼ de taza de azúcar refinada
1 taza de crema agria, sin grasa
2 huevos, separadas las claras
y las yemas

Compota
½ taza de higos secos
½ taza de ciruelas sin hueso
½ taza de chabacanos secos
½ taza de cerezas secas
2 cucharadas de licor Marsala
⅓ de taza de jugo de naranja
1 naranja, la ralladura

Pay

1 Rocía un molde redondo de 20 cm con el aceite de cártamo en espray y forra la base con papel encerado. Muele las galletas y las nueces hasta que tengan consistencia de migajas finas. Agrega la mantequilla o la margarina y procesa unos segundos para que se incorpore. Sirve en la base del molde y oprime bien. Deja enfriar durante 30 minutos.

2 Disuelve la gelatina en un poco de agua caliente. En una olla chica, coloca los jugos, la ralladura no, y calienta. Añade la gelatina. Retira de la estufa y revuelve para disolver la gelatina.

3 Bate el ricotta, el azúcar, la crema agria, las yemas de huevo y la ralladura con la batidora eléctrica; poco a poco añade la mezcla de la gelatina y bate despacio para incorporar.

4 Bate las claras de huevo a punto de nieve, añade 2-3 cucharadas de las claras a la mezcla de ricotta para aligerarla, después agrega el resto de las claras, sin desinflar la mezcla. Sirve sobre la base de galletas, cubre y enfría cuando menos durante 30 minutos. Parte en 10 porciones.

Compota

1 En un recipiente, pon los higos, las ciruelas, los chabacanos y las cerezas y agrega el Marsala, el jugo de naranja y la ralladura. Marina en el refrigerador toda la noche. Sirve el pay con la compota de fruta.

Porciones: 10

Glosario

Ablandar: por ejemplo, gelatina, se rocía con agua fría y se deja aguadar, después se disuelve y se licua.

Aceite de ajonjolí oscuro (también conocido como aceite de ajonjolí oriental): aceite poliinsaturado oscuro con un bajo punto de ebullición, usado para sazonar. No se reemplaza con aceite de ajonjolí claro.

Aceite de cártamo: aceite vegetal que contiene la mayor proporción de grasas poliinsaturadas.

Aceite de oliva: varios grados de aceite extraído de las aceitunas. El aceite extra virgen tiene un sabor fuerte y frutal y es el menos ácido. El aceite de oliva virgen es un poco más ácido y tiene un sabor más ligero. El aceite de oliva puro es una mezcla procesada de aceites de oliva, es más ácido y tiene el sabor más ligero.

Acremar: suavizar y hacer cremoso frotando con el dorso de una cuchara o batiendo con la batidora. Por lo general, se aplica a la mantequilla y el azúcar.

Adornar: decorar la comida, por lo general con algo comestible.

Agua acidulada: agua con un ácido, como jugo de limón o vinagre, que evita la decoloración de los ingredientes, en especial de frutas o verduras. El agua acidulada se prepara con 1 cucharadita de ácido por cada 300ml de agua.

Al dente: término de la cocina italiana que se aplica a ingredientes que se cuecen hasta que se suavizan pero siguen firmes; por lo general se aplica a la pasta.

Al gratin: comida espolvoreada con pan molido, por lo general cubierta de salsa de queso y horneada hasta que se forma una capa crujiente.

Alholva: hierba pequeña y delgada de la familia de los chícharos. Las semillas se usan como especia. La alholva de tierra tiene una fuerte dulzura de maple, es picosa pero agria y huele a azúcar quemada.

Amasar: trabajar la masa presionando con el talón de la mano, al mismo tiempo que se estira y se dobla la masa.

Americano: método para servir mariscos, por lo general langosta y rape, en una salsa preparada con aceite de oliva, hierbas de olor, jitomates, vino blanco, caldo de pescado, brandy y estragón.

Antipasto: palabra italiana que significa "antes de la comida"; son carnes frías, verduras y quesos, generalmente marinados, que se sirven como entradas. Un antipasto típico puede incluir salami, jamón serrano, corazones de alcachofa marinados, filetes de anchoas, aceitunas, atún y queso provolone.

Asar a la parrilla: término que se usa para las parrilladas.

Bañar: verter en forma de hilillo sobre una superficie.

Bañar en su jugo: humedecer la comida mientras se cuece con los jugos o grasas que suelta.

Baño maría: una olla dentro de otra más grande llena de agua hirviendo para conservar los líquidos en punto de ebullición. Una vaporera doble hace la misma función.

Batir: revolver muy bien con fuerza.

Beurre manie: cantidades iguales de mantequilla y harina que se amasan juntas y se añaden, poco a poco, a los guisados o los estofados para espesarlos.

Blanc: líquido que se prepara añadiendo harina y jugo de limón al agua para que ciertas verduras no se decoloren al cocerse.

Bonne femme: platillos cocinados al estilo tradicional "casero" francés. El pollo y el cerdo bonne femme van acompañados de tocino, papas y cebolla baby; y el pescado bonne femme se prepara con champiñones y una salsa de vino blanco.

Burghul (o bulgur): tipo de trigo crujiente, cuyos granos se cuecen al vapor y se secan antes de molerlo.

Caldo: líquido que contiene sabores, extractos y nutrientes de huesos, carne, pescado o verduras.

Calzone: masa para pizza semicircular, relleno de carne o verduras, sellado y horneado.

Camarones pacotilla: son deliciosos si se comen solos. Son mucho más pequeños que los camarones comunes y los camarones gigantes. Son de sabor dulce, poca grasa y alto contenido de agua; son excelentes para cocteles.

Caramelizar: fundir azúcar hasta que se convierta en jarabe color café dorado.

Cernir: pasar una sustancia seca, en polvo, a través de un colador para retirar terrones y darle ligereza.

Champiñones: hongos pequeños, por lo general enlatados.

Chamuscar: flamear rápido las aves para retirar las plumas que llegan a quedar después de desplumarlas.

Chasseur: palabra francesa que significa "cazador"; estilo de cocina francesa en el que la carne y el pollo se cocinan con champiñones, cebollas de cambray, vino blanco y jitomate.

Clarificar: fundir mantequilla y escurrir la grasa del sedimento.

Condimentado: platillo o salsa ligeramente sazonada con ingredientes picosos como mostaza, salsa inglesa o pimienta de cayena.

Consomé: una sopa transparente hecha generalmente de res.

Cortar/cuajar: hacer que la leche o la salsa se separe y se convierta en sólido y líquido. Por ejemplo, las mezclas de huevos que se cuecen de más.

Coulis: puré líquido, generalmente de frutas o verduras frescas o cocidas, que puede verterse ("couler" significa derramar). El coulis puede tener una textura áspera o muy suave.

Couscous: cereal procesado de la sémola en bolitas, tradicionalmente al vapor y servido con carne y verduras en el clásico guisado del norte de África del mismo nombre.

Crucíferas: ciertos miembros de las familias de la mostaza, la col y el nabo con flores en forma de cruz y fuertes aromas y sabores.

Crudités: verduras crudas, cortadas en rebanadas o palitos que se comen solas o acompañadas de una salsa, o verduras desmenuzadas en forma de ensalada con un aderezo sencillo.

Crutones: cubos pequeños de pan tostado o frito.

Cubos: partir en pedazos pequeños con seis lados iguales.

Cubrir: tapar los alimentos cocinados con salsa.

Dar un hervor: hervir o dejar hervir hasta que esté medio cocido; por ejemplo, cocer más que al escaldar.

Descuartizar: cortar aves o pequeños animales en trozos pequeños dividiéndolos a través de las articulaciones.

Desengrasar: retirar la grasa de la superficie de un líquido. De ser posible, el líquido debe enfriarse para que se solidifique la grasa. Si no, retira la mayor parte de la grasa con una cuchara de metal grande y después saca con una toalla de papel los restos.

Desglasear: disolver los jugos solidificados o el glaseado que están en el fondo de una olla añadiendo un líquido, moviendo vigorosamente mientras el líquido suelta el hervor. Los jugos pueden usarse para hacer gravy o incorporarse a la salsa.

Desmenuzar: romper en trozos pequeños con un tenedor.

Disolver: mezclar un ingrediente seco con uno líquido hasta que se absorbe.

Dorar: freír en una pequeña cantidad de aceite hasta dorar.

Emulsión: mezcla de dos líquidos que no son solubles uno en el otro; por ejemplo, agua y aceite.

Encurtir: del verbo francés "confire" que significa conservar. La comida que se encurte, se cocina a fuego muy lento hasta que está suave. En el caso de la carne, como la de pato o ganso, se cuece con su propia grasa y se cubre con ésta para que no entre en contacto con el aire. Las verduras, como las cebollas, son muy ricas encurtidas.

Engrasar: frotar o barnizar ligeramente con aceite o grasa.

Entrada: en Europa se refiere a los entremeses; en América del Norte es el plato principal.

Escabeche: cubrir alimentos, en especial el pescado, con vinagre de vino y especias, y cocer a fuego lento. Los alimentos se enfrían en el mismo líquido. El escabeche le da un sabor acidito a la comida.

Escaldar: meter en agua hirviendo y después, en algunos casos, en agua fría. Las frutas y los frutos secos (como nueces, pistaches, almendras) se escaldan para pelarlos con facilidad. El término también significa enjuagar con agua hirviendo. Sin embargo, para la leche no se dice escaldar, sino simplemente calentar sin que llegue al punto de ebullición.

Escalfar: dejar hervir a fuego lento y ligeramente en suficiente líquido caliente, procurando conservar la forma del alimento.

Espesar: añadir maicena, harina de maíz o harina blanca mezclada con una cantidad igual de agua fría a una pasta aguada y suave; se vierte en el líquido caliente, se cuece, sin dejar de mover, hasta que se haga más gruesa.

Espolvorear: cubrir con una capa ligera de harina o azúcar glas.

Espumar: retirar la capa de la superficie, que por lo general son impurezas y espuma, de un líquido con una cuchara de metal.

Esquirlar: cortar en piezas largas y delgadas, por lo general se refiere a nueces, especialmente almendras.

Estofar: cocinar piezas grandes o enteras de aves, pescado, carne o verduras en una pequeña cantidad de vino, caldo u otro líquido en una olla tapada. Por lo general, el ingrediente principal se dora primero en aceite y después se cuece en el horno a fuego lento, o en la estufa a fuego muy lento. Al estofar carnes duras y aves viejas producen una salsa dulce y sustanciosa.

Fibra dietética: material de plantas que el cuerpo humano no digiere o digiere parcialmente, pero que ayuda a la buena digestión de otros alimentos.

Filete: corte especial de res, cordero, cerdo o ternera; pechuga de aves; pescado que se corta a lo largo de la espina dorsal.

Filete relleno: pieza de carne, por lo general cerdo o ternera, que se rellena, se enrolla y se estofa o se escalfa. El relleno también puede ser una mezcla dulce o aromática que se hornea como rollo suizo en una charola, se rellena con un relleno de sabores contrastantes y se enrolla.

Filetear: cortar en rebanadas largas y delgadas; por lo general se refiere a frutos secos, especialmente a las almendras.

Flamear: prender los alimentos con alcohol caliente.

Forrar: cubrir la parte interior de un molde con papel para proteger o ayudar a sacar la mezcla.

Freír: cocinar rebanadas delgadas de carne y verduras a fuego alto en una pequeña cantidad de aceite, moviendo constantemente para que el cocimiento sea uniforme y en poco tiempo. Tradicionalmente, se usa un wok, pero puede usarse una sartén resistente.

Fricasé: platillo en el que el pescado, las aves o las verduras se sirven con una salsa blanca o puré. En Inglaterra y Estados Unidos, el nombre se refiere a un platillo tradicional de pollo con salsa cremosa.

Fricción: método para incorporar la grasa al harina usando sólo las yemas de los dedos. También incorpora aire a la mezcla.

Fundir: calentar hasta volver líquido.

Galanga: miembro de la familia del jengibre, comúnmente se conoce como jengibre de Laos o Siamese. Su sabor es como de pimienta con toques de jengibre.

Gástrica: azúcar caramelizada desglaseada con vinagre que se utiliza en salsas dulces de fruta en platillos como pato a la naranja.

Glaseado: capa delgada de huevo batido, jarabe o grenetina, con la que se barnizan las pastas (como empanadas, pays, etc.), las frutas o la comida ya cocida.

Gluten: proteína del harina que se produce cuando se amasa la masa, haciéndola elástica.

Grasa total: ingesta individual diaria de las tres grasas que se mencionan a continuación. Los nutriólogos sugieren que las grasas no deben conformar más del 35 por ciento de la energía de la dieta.

Grasas monoinsaturadas: uno de los tres tipos de grasas que se encuentran en los alimentos. Se cree que no elevan el nivel de colesterol en la sangre.

Grasas poliinsaturadas: uno de los tres tipos de grasas que se encuentran en los alimentos. Están presentes en grandes cantidades en aceites vegetales como el de cártamo, girasol, maíz y soya. Estas grasas reducen el nivel del colesterol en la sangre.

Grasas saturadas: uno de los tres tipos de grasas que se encuentran en los alimentos. Existe en grandes cantidades en los productos animales, los aceites de coco y de palma; elevan el nivel de colesterol en la sangre. Como los altos niveles de colesterol pueden provocar enfermedades cardiacas, se recomienda que el consumo de grasa saturada sea menor a 15 por ciento de las calorías de la dieta diaria.

Gratinar: platillo cocinado en el horno o a la parrilla para que se le forme una costra dorada. Primero se espolvorea pan molido o queso encima. Los platos llanos para gratinar permiten que la costra se extienda mucho más.

Hacer cortes: marcar la comida con cortes, muescas o líneas para evitar ondulaciones o para que la comida se vea más atractiva.

Hacer hinchar: remojar en líquido o humedecer hasta que esté redondo e hinchado.

Harina sazonada: harina con sal y pimienta.

Hervor: cocer alimentos en un líquido que burbujea constantemente, justo antes de alcanzar el punto de ebullición para que los alimentos se cuezan a fuego uniforme y sin romperse.

Hojas de parra: hojas tiernas de la vid, de sabor ligero, usadas en la cocina étnica para envolver mezclas aromáticas. Las hojas de parra deben enjuagarse muy bien porque se envasan en salmuera.

Incorporar: combinar con cuidado una mezcla ligera o delicada con una más densa, con una cuchara de metal.

Infusión: sumergir hierbas, especias u otros saborizantes en líquido caliente para darle sabor. Las infusiones se preparan en 2-5 minutos, dependiendo del saborizante. El líquido debe estar muy caliente, pero no hirviendo.

Inglés: estilo para cocinar platillos sencillos como verduras hervidas. El assiette inglés es un platillo de carnes frías.

Jardinera: guarnición de verduras del jardín, comúnmente zanahorias, cebollas en escabeche, chícharos y nabos.

Juliana: cortar los alimentos en tiras muy delgadas.

Licuar: revolver muy bien.

Macerar: sumergir alimentos en un líquido para suavizarlos.

Marinada: líquido sazonado; por lo general, es una mezcla de ácido y aceite en la que se sumergen carnes u otros alimentos para suavizarlos y darles más sabor.

Marinar: dejar reposar la comida en una marinada para sazonarla y suavizarla.

Marinera: estilo italiano para cocinar que no requiere ninguna combinación particular de ingredientes. La salsa de jitomate a la marinera para la pasta es la más conocida.

Mariposa: partir un alimento por la mitad horizontalmente, de tal manera que cuando se abra parezca alas de mariposa. La chuletas, los camarones grandes y los filetes de pescado gruesos por lo general se cortan así para que se cuezan más rápido.

Media salsa: líquido en el que se cuecen pescado, aves o carne. Por lo general consiste en agua con hoja de laurel, cebolla, zanahorias, sal y pimienta negra recién molida al gusto. Otros aditivos pueden incluir vino, vinagre, caldo, ajo y cebollas de cambray.

Mezclar: combinar ingredientes revolviéndolos.

Moler: convertir en trozos muy pequeños.

Montar: batir rápido, incorporar aire y producir expansión.

Nizardo: guarnición de jitomates, ajo y aceitunas negras; típica ensalada con anchoas, atún y chícharos.

Noisette: "nuez" pequeña del corte de cordero que se obtiene de la parte del lomo o pedazo que se enrolla, se amarra y se corta en rebanadas. También significa dar sabor con avellanas, o cocinar la mantequilla hasta que obtenga un color café dorado.

Normando: estilo de cocinar el pescado, con guarnición de camarones, mejillones y champiñones en salsa cremosa de vino blanco; en el caso de las aves y la carne, la salsa es de crema, calvados y manzana.

Olla grande de hierro o de barro: cazuela resistente con tapadera que por lo general está hecha de hierro fundido o barro.

Olla no reactiva: olla cuya superficie no reacciona químicamente con los alimentos. Los materiales usados son: acero inoxidable, esmalte, vidrio y algunas aleaciones.

Papillote: cocinar en papel encerado o papel aluminio engrasados con aceite o mantequilla. También es un papel decorativo que cubre los extremos de los huesos de las chuletas y de los muslos de las aves.

Partir/picar: cortar en trozos grandes, por lo general los jitomates.

Paté: pasta de carne o de mariscos que se usa para untar en galletas o totopos.

Pelar: retirar la capa exterior.

Potecito individual para horno: plato para horno pequeño redondo u ovalado.

Pulmones: pulmones de animal, que se usan en varios platillos con carne como patés y albóndigas.

Pulpeta: rebana delgada de carne, ave o pescado, rellena y enrollada. En Estados Unidos se conoce también como "rizo" y en Inglaterra "ratón".

Puré: pasta suave, por lo general de frutas o verduras, que se obtiene al pasar el alimento por un cernidor o coladera, o al molerlo en la licuadora o el procesador de alimentos.

Quemar: dorar la superficie muy rápido a fuego alto.

Rábano daikón (también conocido como moli): rábano japonés largo y blanco.

Ragout: tradicionalmente un guisado muy condimentado que contiene carne, verduras y vino. Hoy en día, el término se aplica a cualquier guisado.

Ralladura: capa exterior delgada de los cítricos que contiene el aromático aceite cítrico. Por lo general, se obtiene con un pelador de verduras, o con el rallador se separa de la piel blanca y amarga que está debajo de ella.

Ramito de hierbas de olor: ramito de hierbas, generalmente formado por ramitas de perejil, tomillo, mejorana, romero, laurel, granos de pimienta y clavos de olor, amarrado en una tela y se usa para darle sabor a los guisados y estofados.

Rebozar: cubrir con una capa delgada de harina, azúcar, frutos secos, pan molido, semillas de ajonjolí o de amapola, azúcar con canela, o algunas especias molidas. Cubrir con un ingrediente seco, como harina o azúcar.

Reconstituir: devolver la humedad a los alimentos deshidratados remojándolos en líquido

Reducir: cocinar a fuego muy alto, sin tapar, hasta que el líquido se reduzca por evaporación.

Refrescar: enfriar rápido comida caliente, ya sea bajo el chorro del agua o sumergiéndola en agua helada, para que deje de cocinarse, sobre todo las verduras y de vez en cuando los mariscos.

Remojar: sumergir en agua o líquido frío para suavizar la comida y eliminar sabores fuertes e impurezas.

Revolver: mezclar ligeramente los ingredientes con dos tenedores o con un tenedor y una cuchara.

Rizos: ver pulpeta.

Rosca: mezcla dulce en forma de círculo.

Salsa: jugo derivado del ingrediente principal que se cocina, o la salsa que se añade al platillo para realzar su sabor. En Italia, el término generalmente se refiere a la salsa de la pasta; en México, el nombre se aplica a salsas crudas que se sirven como acompañamiento, sobre todo de totopos.

Salsa de nata: guisado blanco de cordeo, res o pollo rebozado en yemas de huevo y crema, acompañado de cebolla y champiñones.

Salsa rubia: base para salsas que se hace con harina y mantequilla u otra sustancia grasa, a la que se le añade líquido caliente. Esta base para salsas puede ser blanca, rubia u oscura, dependiendo de cómo se haya cocinado la mantequilla.

Saltear: cocinar o dorar en una pequeña cantidad de grasa caliente.

Sancochar: hervir o dejar hervir hasta que esté medio cocido: es decir, cocer un poco más que al escaldar.

Sopa de pan: mezcla de rellenos y bolitas de masa, sobre todo croquetas, generalmente de pasta de hojaldre o simplemente pan molido. Una sopa de pan también puede hacerse con crema de almendras, puré de papa o arroz.

Sudar: cocinar comida picada o rebanada, por lo general verduras, con un poco de grasa y sin líquido a fuego muy lento. Se coloca un pedazo de papel aluminio encima para que la comida sude en sus propios jugos, comúnmente antes de añadirla a otros platillos.

Suero de leche: producto lácteo ácido y bajo en grasa; su ligera acidez lo hace ideal para marinar aves.

Sugo: salsa italiana hecha del líquido o del jugo extraído de la fruta o de la carne durante su cocción.

Tachonar: adornar con clavos de olor enteros, por ejemplo, el jamón al horno.

Timbal: mezcla cremosa de verduras o carne horneadas en un molde; también es una fuente de horno en forma de timbal.

Untar con mantequilla: untar mantequilla suave o fundida.

Vinagre balsámico: vinagre suave, muy aromático, a base de vino, que se hace en el norte de Italia. Tradicionalmente, este vinagre se añeja durante 7 años en una serie de barricas hechas de diferentes maderas.

Vinagre de arroz: vinagre suave y aromático, menos dulce que el vinagre de sidra y no tan fuerte como el vinagre de malta destilado. El vinagre de arroz japonés es más suave que la variedad china.

Pesos y medidas

Cocinar no es una ciencia exacta, no requieres de básculas bien calibradas, pipetas, ni equipo científico; sin embargo, en algunos países, la conversión a medidas métricas y sus interpretaciones asustan a muchas personas.

En las recetas, se dan pesos para ingredientes como carne, pescado, aves y algunas verduras, pero en la vida real unas cuantos gramos u onzas de más o de menos no afectan el éxito del platillo.

Aunque las recetas se probaron usando la medida estándar australiana en la que 250 ml equivalen a 1 taza, 20 ml a una cucharada y 5 ml a una cucharadita, funcionan exactamente igual en el sistema estadounidense y canadiense donde 8 fl oz son una taza, y en el inglés donde 300 ml equivalen a una taza. Usamos cantidades en tazas medidoras con graduación en lugar de las medidas con cucharadas para que las proporciones siempre sean las mismas. En las recetas donde se incluyen medidas con cucharadas, las medidas no son cruciales, así que si se usa la medida de una cucharada inglesa o estadounidense que es más pequeña, el éxito de la receta no se verá afectado. Cuando menos, la medida de la cucharadita es igual en todas partes.

En el caso de panes, pasteles y pays, el único problema que podría surgir es cuando la receta incluye huevos, porque las proporciones pueden variar. Si trabajas con una taza de 250 ó 300 ml, usa huevos grandes (de 65 g/2¼ oz), añadiendo un poco más de líquido a la receta de 300 ml, si lo consideras necesario. Usa huevos medianos (55 g/2 oz) si tu medida es de 8 fl oz. Se recomienda el uso de un juego de tazas y cucharas medidoras, sobre todo las tazas cuando se trate de medir ingredientes secos. Recuerda nivelar esos ingredientes para que la cantidad sea exacta.

Medidas inglesas
Todas las medidas son similares a las australianas, salvo dos excepciones: la medida de la taza inglesa es de 300 ml/10½ fl oz, mientras que la medida de taza americana y australiana es de 250 ml/8¾ fl oz. La cucharada inglesa (cucharita australiana) mide 14.8 ml/½ fl oz, en comparación con la cucharada australiana que es de 20 ml/¾ oz. La medida imperial es de 20 fl oz una pinta, 40 fl oz un cuarto y 160 fl oz un galón.

Medidas americanas
La pinta americana mide 16 fl oz, un cuarto equivale a 32 fl oz y el galón a 128 fl oz. En la medida imperial, una pinta, un cuarto y un galón equivalen a 20 fl oz, 40 fl oz y 60 fl oz, respectivamente. La cucharada americana es de 14.8 ml/½ fl oz, la cucharadita es de 5 ml/⅙fl oz. La medida de taza es de 250 ml/8¾ fl oz, igual que la australiana.

Medidas secas
Todas las medidas se nivelan; así que cuando llenes una taza o una cuchara, nivélala con el borde de un cuchillo. La escala de equivalencias que se presenta a continuación es "el equivalente del chef", no es una conversión exacta de las medidas métricas a las imperiales. Para calcular la medida exacta, multiplica las onzas x 28.349523 para obtener los gramos, o divide los gramos entre 28.349523 para sacar las onzas.

Métrico gramos (g), kilogramos (kg)	Imperial onzas (oz), libra (lb)
15g	0.33oz
20g	0.5oz
30g	1oz
55g	2oz
85g	3oz
115g	4oz/0.25lb
125g	4.5oz
140/145g	5oz
170g	6oz
200g	7oz
225g	8oz/0.5lb
315g	11oz
340g	12oz/0.75lb
370g	13oz
400g	14oz
425g	15oz
455g	16oz/1lb
1,000g/1kg	35.3oz/2.2lb
1.5kg	3.33lb

Temperaturas del horno
Las temperaturas en grados Celsius que se dan en este recetario no son exactas, se redondearon y sólo sirven como guía. Sigue las instrucciones del fabricante y aplícalas a la descripción que se da en la receta. Recuerda que la parte superior de los hornos de gas es la más caliente; la parte inferior de los hornos eléctricos y los hornos de convección con ventilador, por lo general se calientan uniformemente. Se incluyeron indicadores de temperatura para hornos de gas, que podrían ser de ayuda. Para convertir de °C a °F, multiplica los °C por 9, divide el resultado entre 5 y súmale 32.

	°C	°F	Gas
Muy lento	120	250	1
Lento	150	300	2
Moderadamente lento	160	325	3
Moderado	180	350	4
Moderadamente caliente	190-200	370-400	5-6
Caliente	210-220	410-440	6-7
Muy caliente	230	450	8
Súper caliente	250-290	475-500	9-10

Medidas en taza

Una taza es igual a los siguientes pesos:

	Métrico	Imperial
Almendras, fileteadas	85g	3oz
Almendras, partidas, molidas	125g	4.5oz
Almendras, enteras	155g	5.5oz
Manzanas, secas, picadas	125g	4.5oz
Chabacanos, secos, picados	190g	6.75oz
Pan molido, paquete	125g	4.5oz
Pan molido, suave	55g	2oz
Queso, rallado	115g	4oz
Trozos de chocolate	155.5g	5oz
Coco, seco	90g	3oz
Hojuelas de maíz	30g	1oz
Pasas	155.5g	5oz
Harina	115g	4oz
Fruta seca (mixta, pasas sultanas, etc.)	170g	6oz
Jengibre, cristalizado, glaseado	250g	8oz
Miel, melaza, miel maple	315g	11oz
Ralladura	225g	8oz
Frutos secos (nuez, pistache, cacahuate), picados	115g	4oz
Ciruelas pasa, picadas	225g	8oz
Arroz, cocido	155g	5.5oz
Arroz, crudo	225g	8oz
Avena	90g	3oz
Semillas de ajonjolí	115g	4oz
Mantequilla, margarina	225g	8oz
Azúcar, morena	155g	5.5oz
Azúcar, granulada o refinada	225g	8oz
Azúcar, glas cernida	155g	5.5oz
Germen de trigo	60g	2oz

Medidas de longitud

Algunos todavía tenemos problemas para convertir la longitud imperial a métrica. En la siguiente escala de equivalencias, las medidas se redondearon a números más fáciles de usar y más adecuados. Para obtener el equivalente métrico exacto al convertir pulgadas a centímetros, multiplica las pulgadas por 2.54, 1 pulgada es igual a 25.4 milímetros y 1 milímetro equivale a 0.03937 pulgadas.

Medidas de moldes para pastel

Métrico	15 cm	18 cm	20 cm	23 cm
Imperial	6 in	7 in	8 in	9 in

Medidas de moldes para pan

Métrico	23 × 12 cm	25 × 8 cm	28 × 18 cm
Imperial	9 × 5 in	10 × 3 in	11 × 7 in

Medidas de líquido

Métrico milílitros (ml)	Imperial onza líquida (fl oz)	Taza y cuchara
5ml	0.16fl oz	1 cucharadita
20ml	0.66fl oz	1 cucharada
30ml	1fl oz	1 cucharada + 2 cucharaditas
55ml	2fl oz	
63ml	2.25fl oz	
85ml	3fl oz	¼ taza
115ml	4fl oz	
125ml	4.5fl oz	½ taza
150ml	5.25fl oz	
188ml	6.75fl oz	¾ taza
225ml	8fl oz	
250ml	8.75fl oz	1 taza
300ml	10.5fl oz	
370ml	13fl oz	
400ml	14fl oz	
438ml	15.5fl oz	1¾ taza
455ml	16fl oz	
500ml	17.5fl oz	2 tazas
570ml	20fl oz	
1 litro	35.3fl oz	4 tazas

Medidas de longitud

Métrico milímetros (mm) centímetros (cm)	Imperial pulgadas (in), pies (ft)
5mm, 0.5cm	0.25in
10mm, 1.0cm	0.5in
20mm, 2.0cm	0.75in
2.5cm	1in
5cm	2in
7.5cm	3in
10cm	4in
12.5cm	5in
15cm	6in
18cm	7in
20cm	8in
23cm	9in
25cm	10in
28cm	11in
30cm	12in, 1 pie

5/16 (14) 4/15

Índice